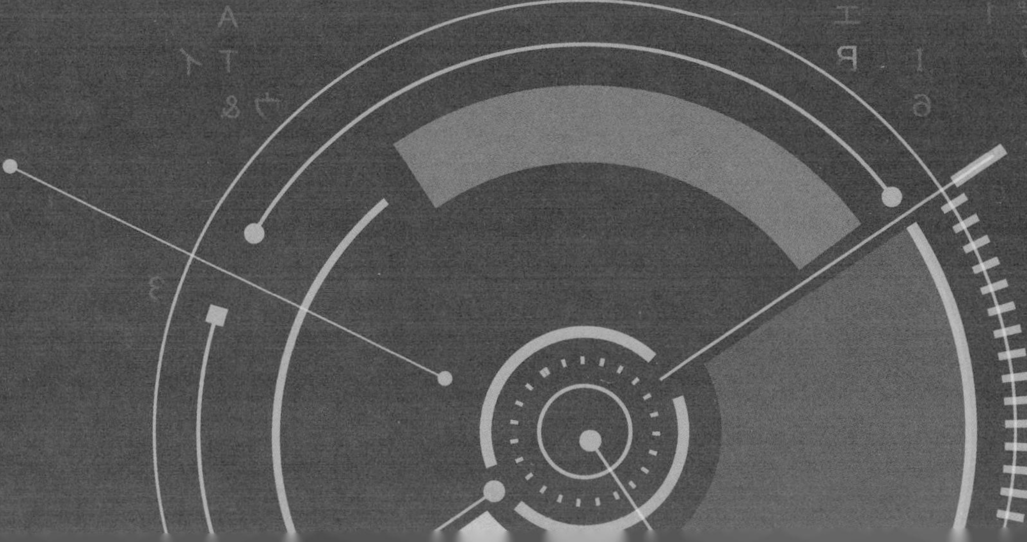

MÉLANIE VIVES & RÉMI PRIEUR

EL GUNTO

ESCAPE GAME

JUNIOR

// 3 AVENTURES //

LE DERNIER DRAGON

OPÉRATION PIZZA

LE HACKER FOU

FLEURUS

DANS LA MÊME COLLECTION

DANS LA COLLECTION ESCAPE GAME POUR LES PLUS PETITS

Kids

QU'EST-CE QU'UN ESCAPE GAME ?

Tu as sûrement déjà entendu parler du phénomène *escape game* ! Ces « jeux d'évasion » grandeur nature permettent de se glisser dans la peau de braqueurs de banque, de détectives enquêtant sur de mystérieuses disparitions, d'agents secrets chargés de sauver le monde... Le principe est simple : ton équipe et toi êtes enfermés dans une pièce, et votre objectif est de réussir à en sortir en fouillant, résolvant des énigmes, actionnant des mécanismes... Le tout en moins d'une heure.

En famille ou entre amis, ce loisir s'adresse à tous les publics et ne requiert en principe aucun savoir spécifique : les énigmes font appel à la logique et à l'esprit d'équipe. Observation, coopération et communication sont souvent les clés de la réussite.

En France, la première salle d'*escape game* a ouvert en décembre 2013 ; aujourd'hui, il en existe plus de 2 000 ! Devant ce succès, Fleurus et EscapeGame•fr se sont associés pour créer une collection de livres reprenant les ingrédients clés de ces jeux : réflexion, fouille, observation et manipulation.

Dans chaque aventure, tu voyages dans le temps pour remplir une mission en compagnie de ton fidèle robot DZ13. Tu peux secourir un dragon au Moyen Âge, détruire le virus d'un hacker fou en 2394, sauver la recette de la pizza margherita au dix-neuvième siècle, enquêter sur la disparition de la *Joconde* ou encore sceller le sarcophage d'une momie dans la pyramide de Khéops...

Bonne chance pour résoudre les énigmes de la collection « Escape Game Junior » !

Rémi Prieur et Mélanie Vives

À TOI DE JOUER !

Dans ce livre, tu vas découvrir trois aventures. Pour terminer chaque aventure, tu vas devoir résoudre une série d'énigmes. N'oublie pas les quelques règles ci-dessous !

POUR TE REPÉRER

Regarde la couleur de la pastille des numéros de pages : rouge pour *Le Dernier Dragon*, jaune pour *Opération Pizza*, et bleu pour *Le Dernier Hacker*. Fais-y bien attention, car ce sont ces pastilles qui te permettront de progresser dans chaque aventure !

Tu peux faire les aventures dans l'ordre que tu veux, mais attention : tu ne peux pas passer d'une pastille rouge à une pastille bleue par exemple, les trois aventures sont indépendantes les unes des autres.

TOP CHRONO !

L'objectif est d'accomplir chaque mission en un minimum de temps. Choisis ton niveau de difficulté :

- 60 min — **Débutant :** c'est la première fois que tu essaies un *escape game*.
- 45 min — **À l'aise :** tu as déjà testé au moins un *escape game* « en vrai » ou sous forme de livre.
- 30 min — **Expert :** les *escape games*, tu en as déjà fait plein !

Déclenche ton chrono quand tu arrives sur la page où est écrit « Top chrono ! ». Bien sûr, tu peux également jouer sans limite de temps, si tu préfères !

DE QUOI NOTER

Ne te lance pas dans ces aventures sans le kit de base de l'*escape gamer* : un crayon affûté et une gomme !

N'hésite pas à écrire, gribouiller, rayer ou entourer des éléments directement sur ce cahier, cela t'aidera.

Pour découper les outils des boîtes à outils, tu auras aussi besoin d'une paire de ciseaux.

UN JEU D'OBSERVATION

Les pages des aventures ne se lisent pas de manière classique, en passant de la page 11 à la page 12, et ainsi de suite : c'est seulement en observant attentivement et en résolvant des énigmes que tu trouveras le numéro de la page, avec la même couleur de pastille, où se déroule la suite de l'aventure. Ne feuillette pas ce livre au hasard : tu ne dois te rendre sur une page que si tu as trouvé une réponse qui te pousse à y aller !

Enfin, si tu es sur une page dont le coin est plié, cela te donne le droit de lire une autre page : la suivante si c'est le coin droit qui est plié, la précédente si c'est le gauche.

VÉRIFIE TES RÉPONSES

À chaque fois que tu penses avoir trouvé la solution à une énigme, tu dois vérifier ta réponse ! Pour cela, rends-toi à la page qui se trouve après les indices et les solutions et demande à DZ13 le robot, ton fidèle compagnon, de t'aider à lire la grille de validation.

LES BOÎTES À OUTILS DE DZ13

Le robot DZ13 est là pour t'aider.

Avant le début de chaque mission, il t'a donné quelques objets qui te serviront à résoudre certaines énigmes. Va vite les découper à la fin des aventures, dans les boîtes à outils !

BESOIN D'AIDE ?

Lors de ces aventures, tu seras ton propre maître du jeu. Si tu sens que tu butes sur une énigme, tu as toujours la possibilité de demander à DZ13 un indice (pages avec le fond orange), ou la solution complète (pages avec le fond violet). Au contraire des énigmes, le système d'aide suit l'ordre des pages : tu trouveras pour chaque page un ou plusieurs indices et une solution. Par exemple, si tu es bloqué(e) page 26, va voir l'indice qui correspond à cette même page.

Ne sois surtout pas embarrassé(e) à l'idée de piocher parmi les indices : souviens-toi qu'ils font partie du jeu et qu'il est tout à fait normal, comme dans une vraie salle d'*escape game*, de faire appel à eux.

SOMMAIRE

LE DERNIER DRAGON

TOP CHRONO !

Bienvenue !

Tu fais partie des forces spéciales de l'agence spatio-temporelle Y, où tu es spécialiste des missions à risque : à tout moment, l'agence peut te convoquer et t'envoyer sur le terrain pour changer le cours du temps. Une violente attaque ennemie à empêcher en 1917 ? Un homme en cavale à rattraper en 1541 ? Une amulette magique à récupérer à l'époque de la Préhistoire ? C'est toujours toi qu'on appelle !

L'agence Y ne t'envoie heureusement jamais seul(e) en mission : ton fidèle robot DZ13 t'accompagne partout. C'est d'ailleurs grâce à lui, et son portail spatio-temporel, que tu peux voyager dans le temps. Attention : à chaque fois, tu dois atteindre ton objectif le plus rapidement possible, car DZ13 est incapable de maintenir son portail actif très longtemps.

Aujourd'hui, ta mission va t'envoyer au douzième siècle. À cette époque, les dragons sont en voie de disparition. Il ne reste plus qu'un seul œuf de cette espèce, qui a été dérobé par le roi Badking.

Tout le château s'apprête à fêter l'anniversaire du jeune prince, fils de Badking et, à cette occasion, l'impitoyable souverain a prévu une dégustation d'omelette de dragon. D'un instant à l'autre, l'œuf passera à la casserole... Il te faut le localiser et le récupérer pour le mettre en sécurité, puis t'échapper avant que le roi se rende compte de ta présence.

Vite, tourne la page !

LE SAIS-TU ?

LE DRAGON est une créature légendaire née de l'imagination des hommes pendant l'Antiquité. Bien que cet animal n'ait jamais existé, au Moyen Âge, il était le symbole du diable et du mal absolu : on le représentait souvent en train d'affronter des chevaliers. On le retrouve aussi au cœur des légendes du roi Arthur, dont le nom de famille est d'ailleurs Pendragon, littéralement « tête de dragon ».

DZ13 et son portail spatio-temporel viennent de te déposer dans l'enceinte du château. Il te faut commencer par traverser la cour intérieure, afin de rejoindre le cachot. Il paraît qu'on y a emprisonné un mage très puissant, fervent défenseur des dragons. Il pourra t'expliquer comment récupérer une potion d'invisibilité qui te sera indispensable.

Tu peux traverser la cour dans le sens que tu souhaites. Mais attention : certaines dalles sont piégées...

LE SAIS-TU ?

UN CHÂTEAU FORT est une résidence fortifiée dans laquelle vit un seigneur (roi, comte ou autre), ainsi que sa famille, ses serviteurs et ses soldats. À l'origine construits en bois, ces édifices deviennent plus résistants aux attaques dès le douzième siècle, grâce à l'utilisation de la pierre. Ils se composent d'un donjon (la plus haute tour), d'un mur d'enceinte appelé remparts, et de douves, fossé rempli d'eau qui encercle les remparts, et que l'on peut traverser grâce au pont-levis.

A	F		C	P	S	G	E	W
J	D	F		L	O	R	A	B
R	B	E	I	C	U	B	J	
M	Q	R	Z	H	E	V	T	O
G		X	I	Y	I	O	T	R
	B	H	D		P		S	E
T	I	U	E	G	A	F	D	N
L	S	B		C	I	P	K	O
V	N	R	Q	T	U	N	D	E

Tu as trouvé le seul chemin par lequel le serpent peut passer ? Suis son trajet pour déchiffrer un message et va vite à la page correspondante pour découvrir la suite de l'aventure !

TA RÉPONSE

À l'instant précis où tu appuies sur le blason, un craquement sourd se fait entendre. L'armoire du prince vient de s'ouvrir, dévoilant un passage secret. Tu as trouvé un accès aux souterrains où est caché l'œuf ! Les couloirs où tu débouches sont étroits et sinueux, un vrai labyrinthe ! S'y perdre pourrait être très dangereux. Heureusement, DZ13 a engrangé quelques informations.

TA RÉPONSE

....

LE SAIS-TU ?

Au Moyen Âge apparaissent des livres appelés des BESTIAIRES, rassemblant des fables sur des animaux réels ou imaginaires. Parmi les créatures fictives de l'époque, on compte la licorne, mais aussi le griffon au corps de lion, doté d'une tête, d'ailes et de pattes d'aigle. Ou encore le basilic, moitié coq, moitié reptile. Et bien sûr le dragon !

Te voilà dans l'atelier du mage. Il est rempli de fioles de différentes formes et couleurs. Tu fouilles la pièce et finis par te rendre à l'évidence : Médéril ne t'a pas laissé d'indice qui permette d'identifier la potion d'invisibilité. « Hou ! Hou ! Houuuu ! » Mais quel est donc ce cri étrange ? C'est la chouette du mage, que tu n'avais pas remarquée et qui t'apostrophe soudain.

Je sais de quelle fiole tu as besoin...
La bonne potion se trouve dans un flacon dont la contenance est inférieure à 50 millilitres.
Elle a été préparée en mélangeant un liquide rouge et un liquide bleu.
Elle a été placée dans une fiole dont la base est arrondie.
La bonne fiole a une étiquette ronde qui n'est pas noire.
TA RÉPONSE

Bravo ! Mission accomplie : tu as réussi à t'échapper du château fort avant que le roi Badking remarque ta présence ! En récupérant le dernier œuf de dragon, tu as empêché l'extinction de cette espèce.

Tu t'approches de DZ13, qui semble très fier de toi. Ton robot te ramène immédiatement à la réalité en faisant apparaître un portail spatio-temporel. Il est temps de rentrer à la maison et de revenir dans le présent ! Sans doute pas pour très longtemps. Car DZ13 t'a prévenu(e) : une nouvelle aventure t'attend...

Tu as bu la bonne potion et quitté l'atelier du mage ! Le liquide magique a fait effet, tu es maintenant invisible aux yeux de celles et ceux que tu croises. Te voilà devant l'immense porte du donjon, mais elle est évidemment verrouillée. Au sol, derrière des fourrés, tu repères un tas de clés abandonnées. L'une d'elles te permettra d'ouvrir la porte, c'est certain... Toutes les essayer te prendrait trop de temps. Il faut que tu trouves celle qui entre parfaitement dans la serrure. DZ13 possède sûrement un outil qui pourra t'aider.

TA RÉPONSE

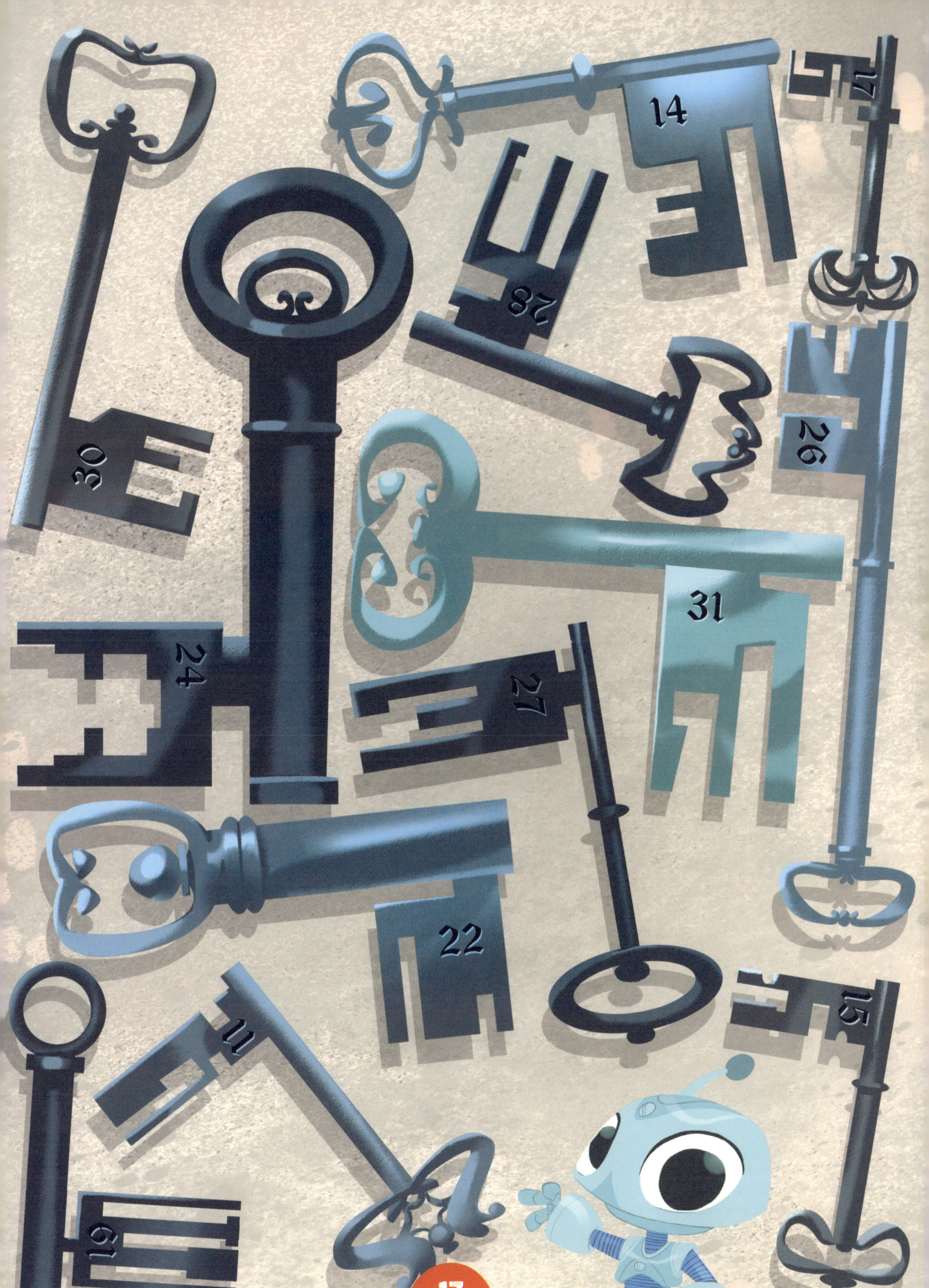

14
17
28
30
26
31
24
27
22
11
15
19

Tu as traversé la cour du château sans encombre, bravo ! Tu es maintenant dans les couloirs du cachot. Aucun garde à l'horizon, tu avances prudemment et tombes sur la cellule du mage Médéril. Il te glisse un message crypté à travers les barreaux, ainsi que son grimoire.

LE SAIS-TU ?

Tu connais la formule magique « Abracadabra » ? Au Moyen Âge, ce mot était prononcé à voix haute pour chasser les maladies et les démons, notamment par les guérisseurs, dont on pensait qu'ils étaient dotés de pouvoirs magiques. À cette époque, la population croyait à la magie et aux sorciers : pour se prémunir de la peste et de la tuberculose par exemple, hommes et femmes portaient couramment des amulettes, sortes d'objets protecteurs.

TA RÉPONSE

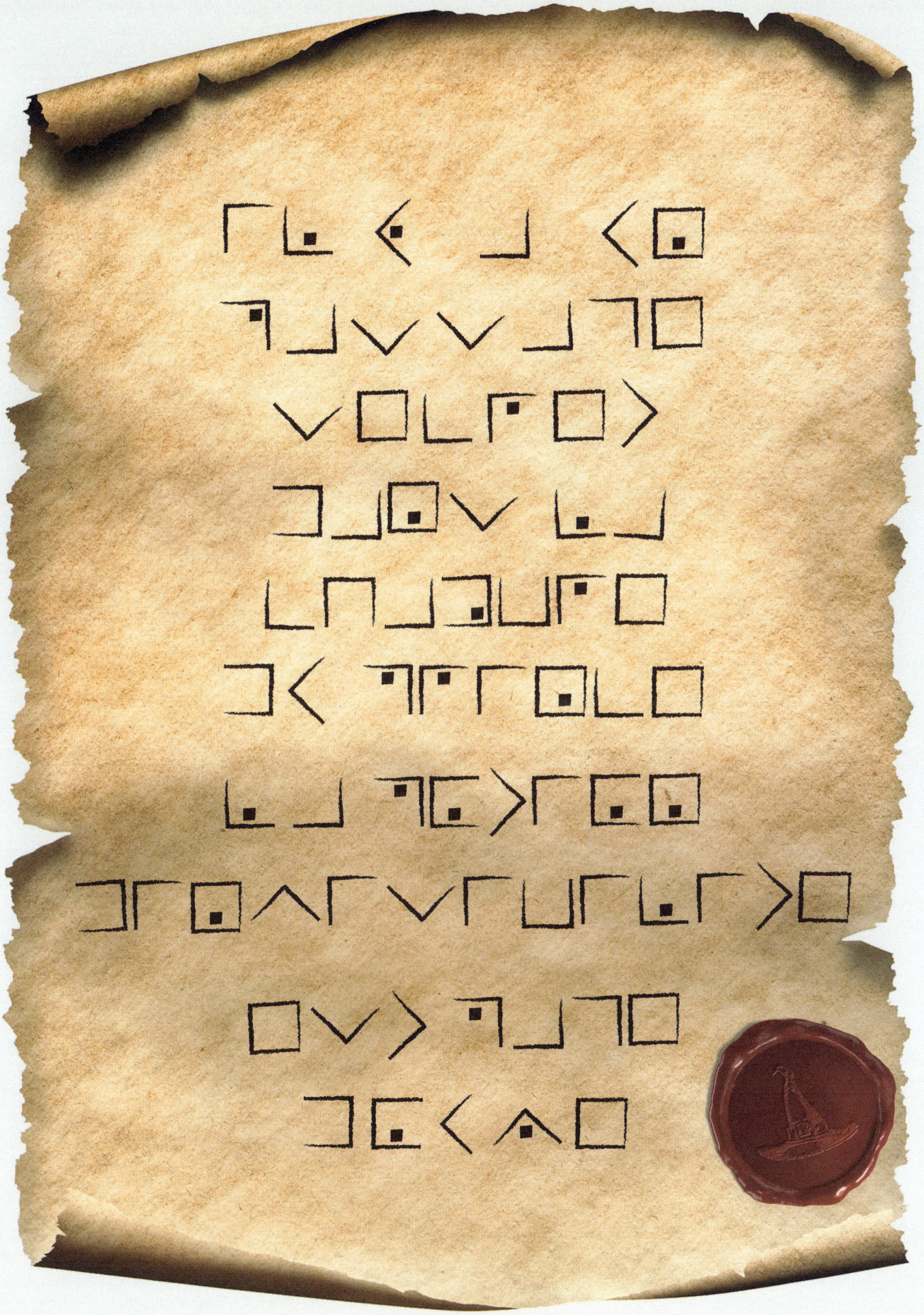

Bien joué : tu as trouvé la chambre du prince ! Les murs sont tapissés de blasons et le sol couvert de jouets. DZ13 t'arrête tout de suite.

Alors que tu es en pleine réflexion, ton regard s'arrête sur un puzzle en bois... Ses formes t'interpellent, tu as soudain une intuition. Et si les pièces du puzzle te permettaient de reconstituer un seul et unique blason, celui sur lequel appuyer ? Il n'y a pas une minute à perdre !

LE SAIS-TU ?

UN BLASON est un ensemble de couleurs et de dessins peints sur un bouclier ou une bannière, qui sert à identifier celui qui le porte : les blasons peuvent marquer l'appartenance à une famille, une ville ou un pays. L'héraldique, nom de la science qui les étudie, utilise un vocabulaire spécifique pour les décrire : la couleur verte doit par exemple être appelée « sinople » et représente la courtoisie ; le noir est nommé « sable » et désigne la prudence.

Tu as réussi à pénétrer dans le donjon ! Te voici maintenant devant plusieurs rangées de portes, chacune gardée par un homme. Le message du mage te revient en mémoire : il parlait d'un passage secret dans la chambre du prince. Mais comment savoir quelle porte y mène ? Soudain, tous les gardes quittent leur poste et rejoignent la salle du banquet : le repas d'anniversaire va bientôt être servi. Il faut que tu identifies au plus vite quel soldat assure la sécurité du prince ! Tu sauras ainsi dans quelle pièce entrer. Souviens-toi qu'un garde doit toujours être près de celui qu'il protège...

LE SAIS-TU ?

LA FÉODALITÉ est un système politique qui a organisé la société européenne du dizième au treizième siècles : le territoire était alors partagé entre plusieurs seigneurs, chacun contrôlant son domaine. Mais tous n'avaient pas la même importance : il existait une pyramide des pouvoirs. Un seigneur pouvait ainsi dépendre d'un autre, plus puissant que lui, et en même temps exercer son autorité sur des hommes moins puissants, appelés ses vassaux. Tout en haut de la pyramide se trouvait le roi.

TA RÉPONSE

Tu as mis la main sur le dernier œuf de dragon ! Avec toi, il est en sécurité. Ta mission est presque accomplie : il ne te reste plus qu'à t'enfuir du château avant que le roi Badking se rende compte de ta présence. Car DZ13 ne pourra rouvrir le portail spatio-temporel qu'une fois à l'air libre. En arpentant les couloirs souterrains, tu as repéré une issue qui est protégée par une gigantesque herse. Tu te penches sur le mécanisme qui permet de l'ouvrir et de la fermer. Pour lever la herse et débloquer le passage, active la manette : les engrenages tourneront et les lettres te dévoileront le chemin qui mène à la sortie.

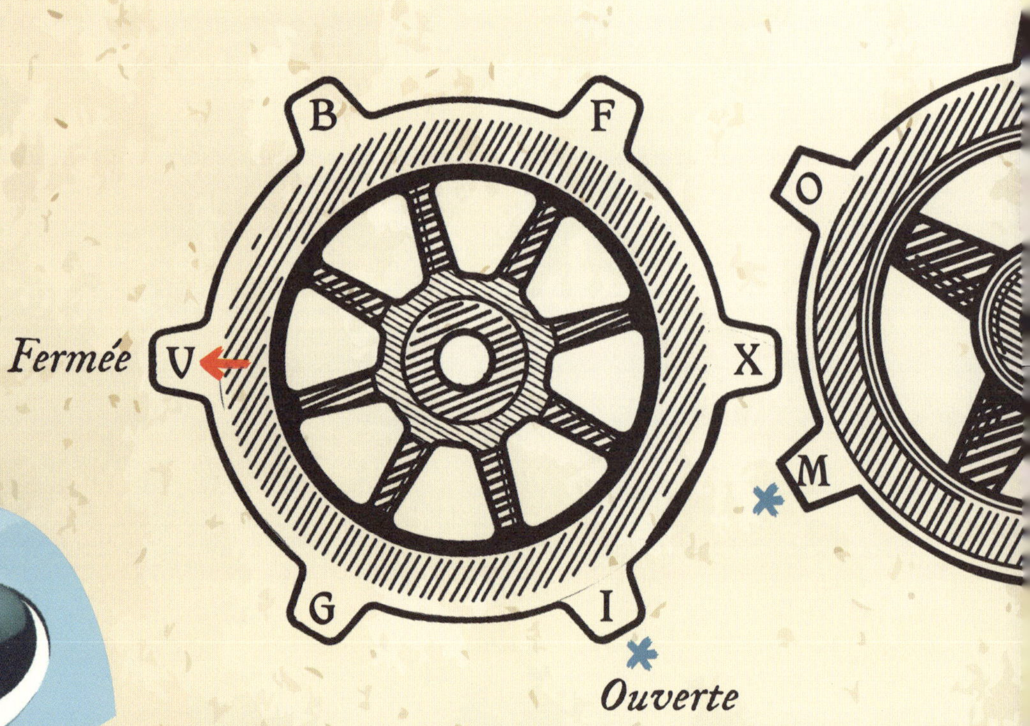

S
B
Y
M
N
E
H
E
U
R
G
Q
W
H
V
K
A
Y
L
D
Z
C
P
O
G
S
P
H
A

TA RÉPONSE

INDICES

Les indices sont classés par page et non par ordre de résolution des énigmes. Si tu as besoin d'un coup de pouce, va donc lire ceux qui sont associés à la page sur laquelle tu es bloqué(e) !

PAGES 8-9

INDICE 1 : Pour traverser la cour sans marcher sur une dalle piégée, aide-toi du serpent que DZ13 a dressé ! Tu peux le découper page 45.

INDICE 2 : DZ13 affirme que le serpent a peur de l'eau. Il ne peut donc pas passer sur les dalles où se trouve une flaque d'eau...

INDICE 3 : Tu peux traverser la cour horizontalement ou verticalement. Il n'y a qu'une seule manière de positionner le serpent pour qu'il touche deux côtés de la cour sans se mouiller... Essaie les différentes combinaisons possibles !

INDICE 4 :

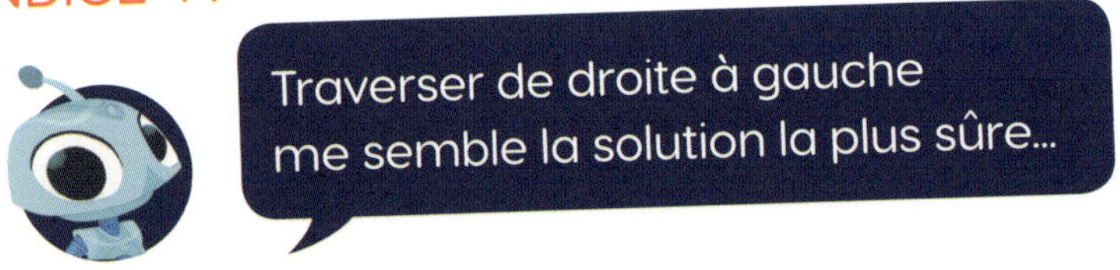

INDICE 5 : Tu as placé le serpent correctement ? As-tu remarqué que chaque dalle comporte une lettre ? En suivant le trajet du reptile de sa queue à sa tête, comme si tu traversais la cour, tu déchiffreras une phrase. Elle doit t'indiquer un nombre... N'oublie pas de vérifier ta réponse grâce à la grille de validation de DZ13, page 44 !

PAGES 10-11

INDICE 1 : Tu viens d'entrer dans les souterrains du château… Tu n'es plus très loin de l'œuf de dragon ! Le vois-tu à l'intérieur du labyrinthe ? Pour arriver jusqu'à lui, tu dois d'abord passer devant une statue de griffon, puis une croix, et enfin une flèche. Ne te perds surtout pas !

INDICE 2 :

Je crois qu'il faut plutôt partir vers le haut du labyrinthe…

INDICE 3 : Tu penses avoir trouvé le bon chemin ? As-tu noté que chaque objet que tu as croisé (griffon, croix et flèche) porte un numéro ? En les collectant dans l'ordre, tu obtiendras un nombre à trois chiffres. Va vérifier ta réponse grâce à la grille de validation de DZ13, page 44 !

PAGES 12-13

INDICE 1 : Une seule fiole contient la potion d'invisibilité dont tu as besoin. Suis les quatre indications données par la chouette pour déduire laquelle ! Fais bien attention à la contenance et à la forme des flacons, à leurs étiquettes ainsi qu'à la couleur des potions. Le mage Médéril t'a donné un grimoire tout à l'heure : il te sera d'une grande aide. Tu peux le découper page 47.

INDICE 2 :

Le grimoire contient deux éléments importants pour trouver la bonne fiole :
- Le cercle chromatique, qui représente les trois couleurs primaires et celles que l'on obtient en les mélangeant.
- Le schéma des trois types de fioles disponibles et leur contenance respective.

INDICE 3 : Regarde bien le cercle chromatique : en mélangeant un liquide rouge et un liquide bleu, on obtient un liquide violet !

INDICE 4 : Seuls deux types de flacons ont une contenance inférieure à 50 millilitres.

INDICE 5 : En suivant les instructions de la chouette, tu pourras éliminer toutes les fioles sauf une ! Tu penses avoir trouvé la bonne potion ? As-tu remarqué qu'elle est numérotée ? Vérifie ta réponse le plus rapidement possible grâce à la grille de validation de DZ13, page 44 !

PAGES 14-15

Pas d'indice sur ces pages.

PAGES 16-17

INDICE 1 : As-tu bien regardé les objets que DZ13 t'a confiés avant le début de la mission ? Tu peux les découper page 45. L'un d'eux peut sûrement t'aider !

INDICE 2 : DZ13 te montre la corde...

Tu n'as pas le temps de tester toutes les clés : tu seras plus rapide si tu te contentes de les mesurer ! Une seule semble correspondre à la serrure.

INDICE 3 : Sers-toi de la corde et de ses nœuds comme d'une règle : mesure la hauteur de la serrure et trouve quelle clé lui est adaptée ! La bonne clé n'est ni trop petite, ni trop grande.

INDICE 4 : DZ13 griffonne rapidement un schéma sur sa tablette :

INDICE 5 : Tu penses avoir trouvé la seule clé qui permet d'ouvrir la porte ? As-tu remarqué qu'un nombre est gravé dessus ? Tu peux vérifier ta réponse grâce à la grille de validation de DZ13, page 44 !

PAGES 18-19

INDICE 1 : Le grimoire du mage Médéril est indispensable pour décrypter le message ! Tu peux découper cet objet page 47.

INDICE 2 : Tu dois utiliser les schémas de décryptage du code des Templiers, qui se trouvent dans le grimoire ! Pour les comprendre, il faut associer chaque lettre aux traits et carrés qui l'entourent.

= I = L = Y = A

Le message de Médéril commence donc par : « Il y a ».
Il ne te reste plus qu'à déchiffrer la suite !

INDICE 3 : Tu as déchiffré l'ensemble du message ? Il doit t'indiquer un nombre… Vérifie vite ta réponse grâce à la grille de validation de DZ13, page 44 !

PAGES 20-23

INDICE 1 : N'oublie pas qu'un coin de page corné te permet d'accéder à la page suivante ou à la précédente !

INDICE 2 : Et si tu commençais par reconstituer le puzzle en bois du prince ? Tu peux découper la page 21, puis les pièces du puzzle qui s'y trouvent.

INDICE 3 :

Certaines pièces du puzzle sont en trop : seules trois d'entre elles servent à reconstituer le blason que tu cherches. Le reste appartient à d'autres blasons et ne te sera d'aucune utilité.

INDICE 4 : Tu as réussi à reconstituer le puzzle ? Il forme un blason que tu dois retrouver à l'identique sur les murs de la chambre du prince, page 20 ou page 23. Sois bien attentif à la silhouette du blason, à l'emplacement de ses couleurs, à ses formes intérieures et à l'orientation du lion qui y est représenté.

INDICE 5 : Tu as trouvé le bon blason, celui sur lequel tu dois appuyer pour déclencher l'ouverture du passage secret ? As-tu remarqué qu'il correspond à un nombre ? Va vite vérifier ta réponse grâce à la grille de validation de DZ13, page 44 !

PAGES 24-27

INDICE 1 : N'oublie pas qu'un coin de page corné te permet d'accéder à la page suivante ou à la précédente !

INDICE 2 : Pour commencer, tu dois absolument trouver où se cache le prince ! Il est quelque part dans la salle du banquet, pages 26-27...

INDICE 3 : DZ13 peut t'aider à localiser le prince !

Je pense qu'il est près de la jeune fille en rose. Selon mes informations, il est blond et porte une couronne.

INDICE 4 : Tu as trouvé le prince ? Près de lui se trouve certainement le garde qui est en charge de sa protection ! Retrouve cet homme et identifie-le ensuite sur les pages 24-25 : avant de se rendre dans la salle du banquet, il gardait la porte de la chambre du prince... C'est cette porte que tu dois ouvrir pour accéder au passage secret !

INDICE 5 : Tu penses avoir trouvé la porte de la chambre du prince ? As-tu noté qu'un numéro est gravé dessus ? N'hésite pas une seule seconde : va vérifier ta réponse grâce à la grille de validation de DZ13, page 44 !

PAGES 28-31

INDICE 1 : N'oublie pas qu'un coin de page corné te permet d'accéder à la page suivante ou à la précédente !

INDICE 2 : Pour ouvrir la herse, active le levier ! Pour que la flèche gravée sur le premier engrenage passe de la position « fermée » à la position « ouverte », tu dois tourner ce rouage de deux crans dans le sens inverse des aiguilles d'une montre, ce qui fera bouger tous les engrenages. DZ13 vient de dessiner un schéma pour t'aider à tourner le premier rouage dans le bon sens :

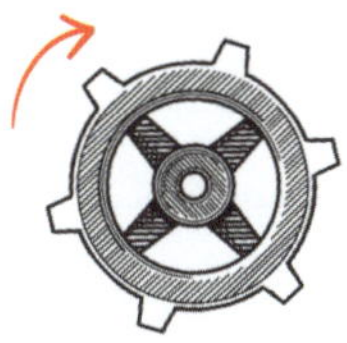

Sens des aiguilles d'une montre

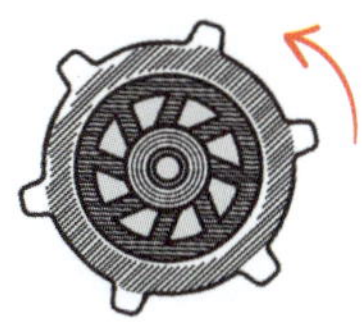

Sens inverse des aiguilles d'une montre

INDICE 3 : Tu as remarqué que des lettres apparaissent sur les dents des engrenages, et que des repères pointent certaines dents ? Les engrenages peuvent bouger, mais les repères, eux, sont fixes.

INDICE 4 :

En faisant tourner un engrenage dans un sens, le suivant tourne dans l'autre sens, et ainsi de suite. Tu ne dois pas te tromper dans leur sens de rotation ! Voici un schéma.

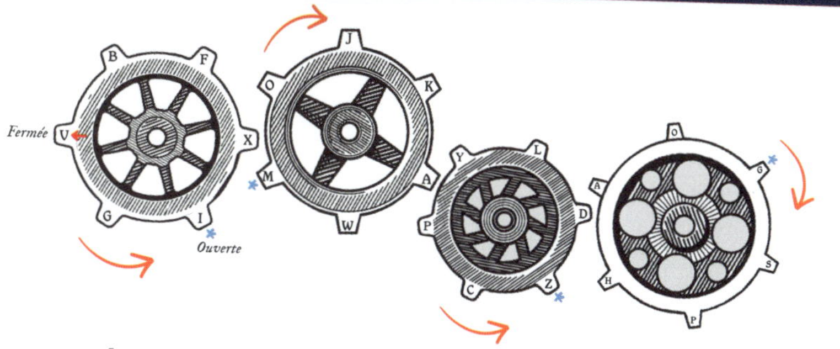

INDICE 5 : En tournant le premier engrenage de deux crans dans le sens inverse des aiguilles d'une montre pour le placer en position ouverte, tu feras bouger tous les rouages qui suivent. Les repères vont donc désigner d'autres lettres que celles pointées actuellement. Tu auras besoin de toutes ces lettres-là pour t'échapper du souterrain ! Tu dois récupérer une lettre par repère, soit 14 en tout.

INDICE 6 : Une fois tous les engrenages correctement positionnés, collecte les lettres pointées par les repères, du premier rouage au dernier. Tu déchiffreras alors une phrase qui t'indiquera un nombre ! N'oublie pas de vérifier ta réponse grâce à la grille de validation de DZ13, page 44 !

SOLUTIONS

Les solutions sont classées par page et non par ordre de résolution des énigmes. Si tu veux connaître la réponse à une énigme, va donc lire celle qui est associée à la page sur laquelle tu es bloqué !

PAGES 8-9

Tu as découpé le serpent dressé par DZ13, page 45 ? Il n'existe qu'une seule façon de le positionner pour qu'il touche deux côtés de la cour sans se mouiller, c'est-à-dire sans qu'il traverse de flaque d'eau !

Tu as placé le serpent correctement ? En suivant son trajet de sa queue à sa tête, comme si tu traversais la cour, tu déchiffreras la phrase suivante :
« RENDS TOI PAGE DIX HUIT. »
Va donc le plus rapidement possible à la page 18 ! La suite de l'aventure t'y attend.

PAGES 10-11

Il n'existe qu'un seul chemin qui te fera passer, dans l'ordre, devant une statue de griffon, puis une croix, et enfin une flèche.

Chacun des trois objets que tu as croisés porte un numéro. Lors de ton trajet, tu as donc collecté trois chiffres : un **0** sur la statue de griffon, un **2** sur la croix, et enfin un **8** sur la flèche. Tu as trouvé **028** ! Va rapidement à la page 28 pour découvrir la suite de ta mission.

PAGES 12-13

Une seule fiole contient la potion d'invisibilité dont tu as besoin. En suivant les quatre consignes données par la chouette, tu trouveras laquelle. Pour cela, tu as besoin du grimoire que t'as donné le mage Médéril ! Tu peux le découper page 47.

Garde bien à l'esprit qu'en mélangeant un liquide rouge et un liquide bleu, on obtient un liquide violet.

- La bonne potion se trouve dans un flacon dont la contenance est inférieure à 50 millilitres.
- Elle a été préparée en mélangeant un liquide rouge et un liquide bleu.
- Elle a été placée dans une fiole dont la base est arrondie.
- La bonne fiole a une étiquette ronde qui n'est pas noire.

La seule fiole qui correspond aux quatre critères donnés par la chouette est donc celle qui porte le numéro **16** ! Il n'y a pas une minute à perdre, va vite page 16 pour boire le breuvage !

PAGES 16-17

Sers-toi de la corde que t'a donnée DZ13 comme d'une règle ! Tu peux la découper page 45. Commence par mesurer la hauteur de la serrure, puis trouve la seule clé qui a exactement la même hauteur.

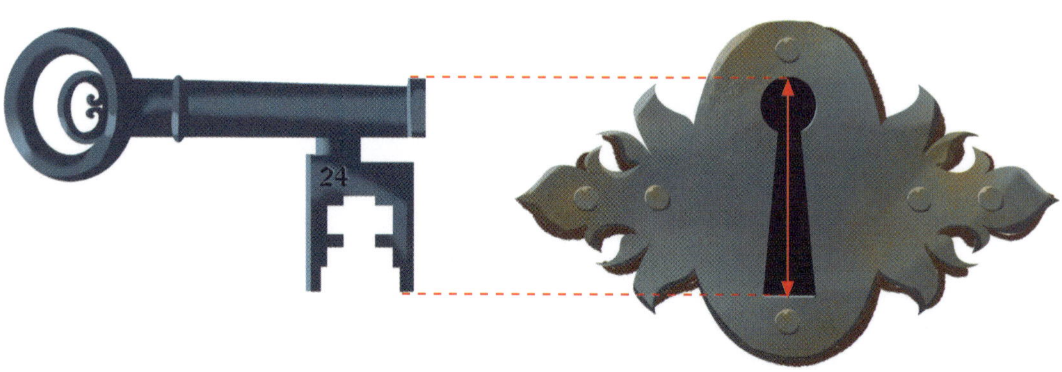

La seule clé qui épouse parfaitement la taille de la serrure est celle sur laquelle est gravé le numéro **24** ! Chaque seconde compte, va donc le plus rapidement possible page 24 pour ouvrir cette porte !

PAGES 18-19

Pour décrypter le message de Médéril, tu as besoin de son grimoire, que tu peux découper page 47. Tu as plus précisément besoin des schémas de décryptage du code des Templiers. Observe-les bien, et tu en déduiras que...

A = ⌟ B = ⊔ N = ⊡ S = ∨ Y = ⋖ etc.

En décodant le message du mage, tu liras :

« IL Y A UN PASSAGE SECRET DANS LA CHAMBRE DU PRINCE. LA POTION D'INVISIBILITÉ EST PAGE DOUZE. »

Va donc vite page 12 pour vivre la suite de l'aventure !

PAGES 20-23

Commence par reconstituer le puzzle en bois du prince ! Tu peux découper les différentes pièces page 21. Attention, 12 pièces sont en trop et ne te serviront donc pas. Une fois le puzzle correctement assemblé, tu découvriras ceci :

Pièces en trop

Ce blason existe à l'identique sur les murs de la chambre du prince, page 20 : c'est sur celui-là que tu dois appuyer pour déclencher l'ouverture du passage secret. Il porte le nombre **10**. Va donc le plus rapidement possible page 10, le temps presse !

PAGES 24-27

As-tu réussi à repérer le prince ? Il se trouve dans la salle du banquet, page 27 ! A côté de lui se trouve le garde qui est en charge de sa protection.

Tu dois maintenant retrouver ce garde sur les pages 24-25 : avant de se rendre dans la salle du banquet, il gardait la porte de la chambre du prince, autrement dit la porte que tu dois ouvrir pour accéder au passage secret...

Le garde en charge de la protection du prince se trouvait tout à l'heure devant la porte numéro **20**. Ce doit donc être la porte de sa chambre... Dépêche-toi d'aller page 20 pour l'ouvrir !

PAGES 28-31

En tournant le premier engrenage de deux crans dans le sens inverse des aiguilles d'une montre pour le placer en position ouverte, tu vas faire bouger tous les rouages qui suivent. Les repères vont donc te montrer d'autres lettres que celles pointées actuellement. Tu dois récupérer une lettre par repère, soit 14 en tout.
N'oublie pas comment fonctionnent les engrenages ! Tu ne dois pas te tromper dans leur sens de rotation :

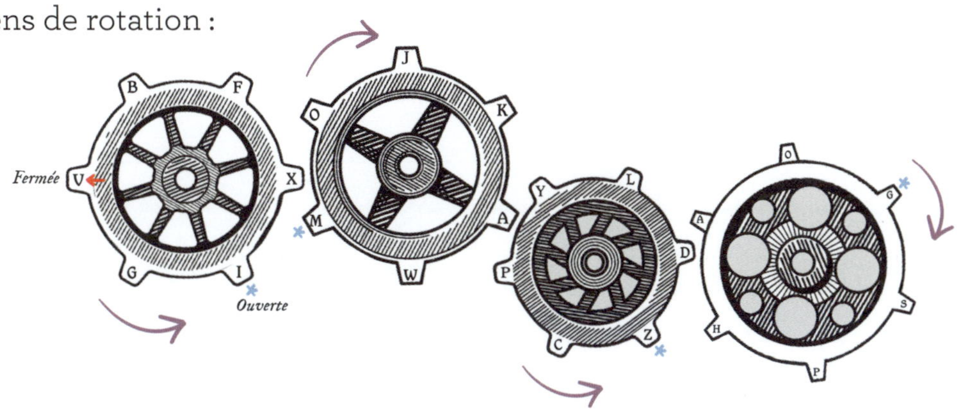

Une fois tous les engrenages correctement positionnés, voici à quoi ressemblera le mécanisme :

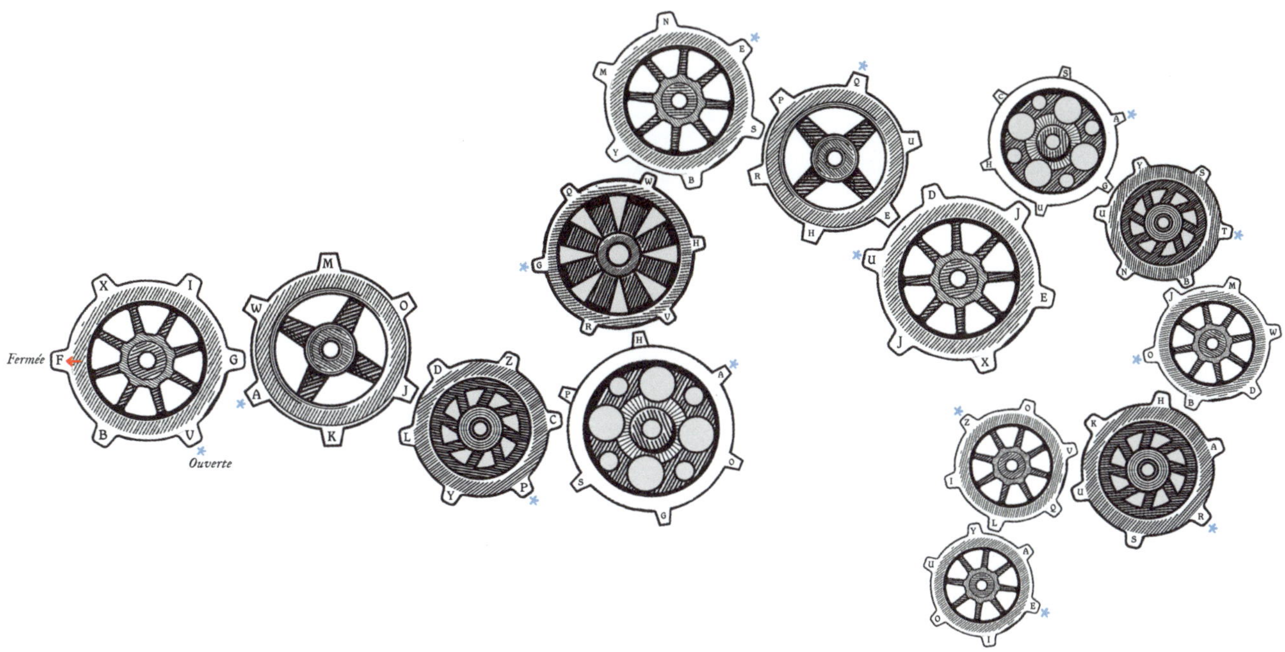

Il ne te reste plus qu'à collecter les lettres pointées par les repères, du premier rouage jusqu'au dernier. Tu déchiffreras alors la phrase suivante :
« VA PAGE QUATORZE. »
Pour ouvrir la herse et t'échapper du souterrain, rends-toi vite page 14. N'oublie pas de prendre l'œuf de dragon avec toi !

GRILLE DE VALIDATION

As-tu trouvé la bonne réponse à l'énigme ?

Pour le savoir, demande à DZ13 le robot ! Il a réussi à récupérer une grille qui te permet de vérifier chaque réponse.

COMMENT FAIRE ? Par exemple, si tu penses que la solution à l'énigme des pages 24-27 est 19, cherche la colonne « pages 24-27 » et la ligne « 19 ». Si, à la croisée des deux, tu trouves un pouce tourné vers le haut, c'est gagné et tu peux donc aller page 19, où t'attend la suite de la mission !
En revanche, si tu trouves un pouce tourné vers le bas, cela signifie que tu t'es trompé(e) : tu dois donc vite retourner pages 24-27 pour retenter ta chance.

PAGES DE L'ÉNIGME À RÉSOUDRE

PAGE OÙ SE TROUVE LA SUITE DE LA MISSION	8-9	10-11	12-13	14-15	16-17	18-19	20-23	24-27	28-31
9	👎	👎	👎	👎	👎	👎	👎	👎	👎
10	👎	👎	👎	👎	👎	👎	👍	👎	👎
11	👎	👎	👎	👎	👎	👎	👎	👎	👎
12	👎	👎	👎	👎	👎	👍	👎	👎	👎
13	👎	👎	👎	👎	👎	👎	👎	👎	👎
14	👎	👎	👎	👎	👎	👎	👎	👎	👍
15	👎	👎	👎	👎	👎	👎	👎	👎	👎
16	👎	👎	👍	👎	👎	👎	👎	👎	👎
17	👎	👎	👎	👎	👎	👎	👎	👎	👎
18	👍	👎	👎	👎	👎	👎	👎	👎	👎
19	👎	👎	👎	👎	👎	👎	👎	👎	👎
20	👎	👎	👎	👎	👎	👎	👎	👍	👎
21	👎	👎	👎	👎	👎	👎	👎	👎	👎
22	👎	👎	👎	👎	👎	👎	👎	👎	👎
23	👎	👎	👎	👎	👎	👎	👎	👎	👎
24	👎	👎	👎	👎	👍	👎	👎	👎	👎
25	👎	👎	👎	👎	👎	👎	👎	👎	👎
26	👎	👎	👎	👎	👎	👎	👎	👎	👎
27	👎	👎	👎	👎	👎	👎	👎	👎	👎
28	👎	👍	👎	👎	👎	👎	👎	👎	👎
29	👎	👎	👎	👎	👎	👎	👎	👎	👎
30	👎	👎	👎	👎	👎	👎	👎	👎	👎
31	👎	👎	👎	👎	👎	👎	👎	👎	👎

LA BOÎTE À OUTILS DE DZ13

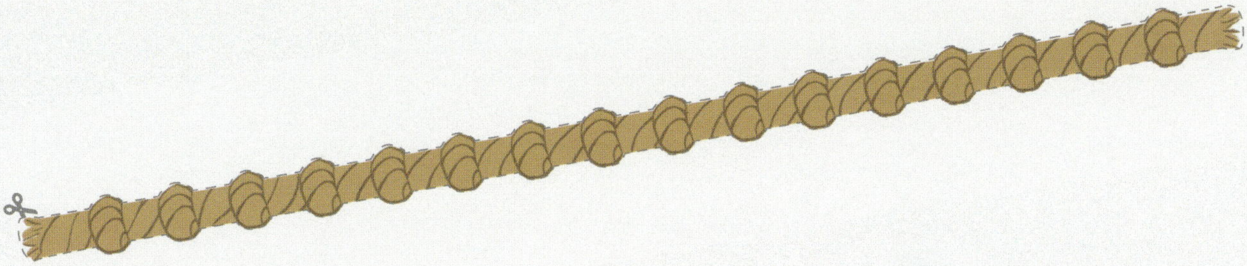

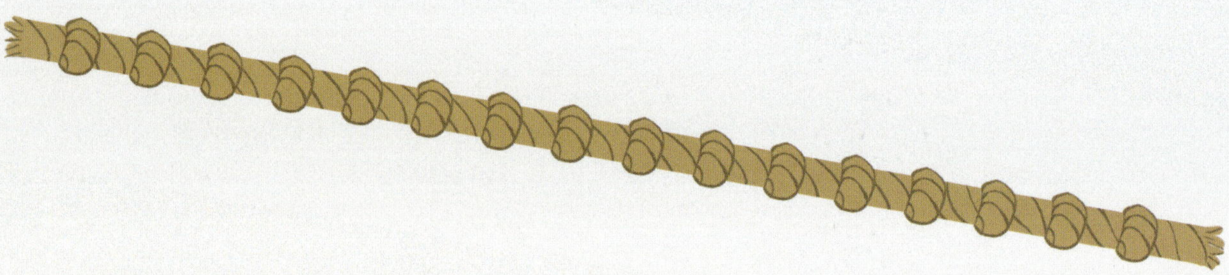

GRIMOIRE
DE
MÉDÉRIL

Code des Templiers

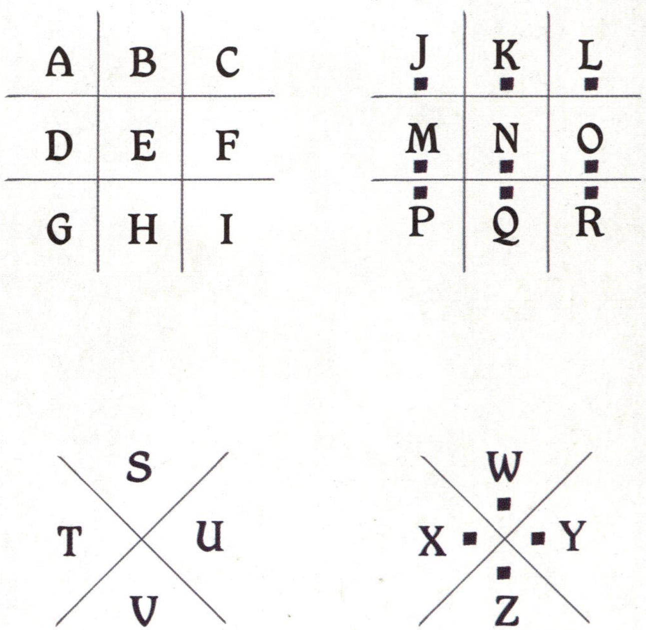

Inventaire du matériel de magie

15 millilitres 25 millilitres 60 millilitres

Mélange des couleurs

OPÉRATION
PIZZA
RISTORANTE

TOP CHRONO !

Bienvenue !

Tu fais partie des forces spéciales de l'agence spatio-temporelle Y, où tu es spécialiste des missions à risque : à tout moment, l'agence peut te convoquer et t'envoyer sur le terrain pour changer le cours du temps. Une violente attaque ennemie à empêcher en 1917 ? Un homme en cavale à rattraper en 1541 ? Une amulette magique à récupérer à l'époque de la Préhistoire ? C'est toujours toi qu'on appelle !

L'agence Y ne t'envoie heureusement jamais seul(e) en mission : ton fidèle robot DZ13 t'accompagne partout. C'est d'ailleurs grâce à lui, et son portail spatio-temporel, que tu peux voyager dans le temps. Attention : à chaque fois, tu dois atteindre ton objectif le plus rapidement possible, car DZ13 est incapable de maintenir son portail actif très longtemps.

Cette nouvelle mission va t'envoyer en 1889, le 10 juin précisément, à Naples, en Italie. Le lendemain, le grand chef cuisinier Raffaele Esposito doit présenter sa nouvelle création à la famille royale : la pizza margherita, aujourd'hui la plus populaire de toutes ! Mais ce plat pourrait bien ne jamais exister si tu n'interviens pas...

Selon les informations de l'agence, Raffaele Esposito est sur le point d'être assassiné par un cuisinier rival jaloux, Basta Cosi, qui ne veut pas que cette invention voie le jour. Ce dernier a invité Raffaele Esposito à dîner dans son restaurant mais il s'agit d'un piège ! Il a prévu de lui servir de la nourriture empoisonnée et tu dois absolument l'en empêcher. L'avenir de la pizza est en jeu !

Ta mission : entrer dans le restaurant de Basta Cosi, trouver le plat empoisonné, le remplacer par un mets identique que tu auras préparé, et t'enfuir.

Vite, tourne la page !

LE SAIS-TU ?

Cette aventure est inspirée d'une histoire largement racontée quand il s'agit de retracer les ORIGINES DE LA PIZZA : le chef Raffaele Esposito a réellement existé et c'est lui qui aurait, le 11 juin 1889, inventé la margherita. Cette pizza garnie de tomates, mozzarella et basilic aurait été imaginée et nommée en l'honneur de Marguerite de Savoie, alors de passage à Naples avec son époux, le roi Humbert Ier. Cette création marque un tournant : la margherita devint l'un des repas préférés de la reine, ce qui permit aux pizzas de gagner en popularité, jusqu'à devenir un plat savouré partout dans le monde.

DZ13 et son portail spatio-temporel viennent de te déposer devant le restaurant de Basta Cosi. Trouve un moyen d'entrer !

Ta réponse

Tu as mis la main sur le dessert empoisonné qui allait être servi à Raffaele Esposito ! Bravo ! Il faut maintenant que tu le remplaces par un mets identique, donc que tu en prépares un nouveau. Le livre de recettes du chef Basta Cosi te sera d'une grande aide... Te voilà dans son bureau.

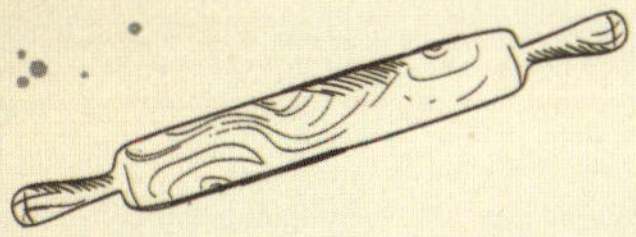

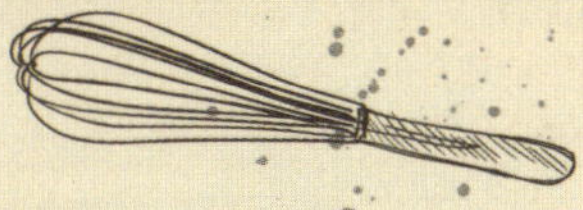

Panettone aux fruits confits

- 1 -

Dans un saladier, versez des jaunes d'œuf, du sel et de la vanille. Ajoutez quelques zestes de citron et du sucre en poudre, puis mélangez. Enfin, incorporez de la farine et du beurre coupé en dés.

- 2 -

Dénoyautez et pelez des cerises et des prunes. Lavez des fraises et des framboises. Versez du sucre et de l'eau dans une casserole.

Tiramisu aux fruits rouges

- 1 -

Séparez les blancs et les jaunes des œufs. Dans un saladier, fouettez les jaunes avec du sucre en poudre. Ajoutez le mascarpone.

- 2 -

Lavez des fraises, des framboises et des cerises. Écrasez-les. Mélangez avec de la crème de cassis. Trempez les boudoirs dans ce jus et tapissez le fond d'un plat.

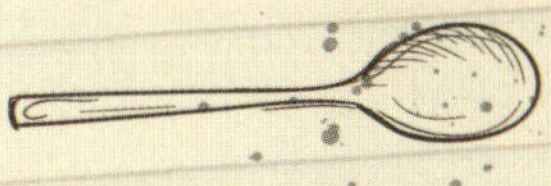

Semifreddo vanille framboise

- 1 -

Fendez une gousse de vanille. Séparez les blancs et les jaunes des œufs. Battez les jaunes et le sucre en poudre, incorporez-y de la crème. Montez les blancs en neige et versez la préparation dans un moule.

- 2 -

Versez des framboises dans un saladier et mixez-les avec le reste du sucre en poudre.

Panna cotta aux fruits rouges

- 1 -

Dans un saladier, versez des fraises, des framboises et des cerises. Écrasez-les. Ajoutez un fond d'eau, quelques morceaux de sucre et mélangez le tout. Ajoutez du jus de citron.

- 2 -

Dans un autre récipient, versez de la crème puis du lait. Incorporez du sucre en poudre, ajoutez une gousse de vanille et enfin à nouveau un soupçon de crème.

CARAMEL

Ta réponse
CRÈME
SUCRE

Tu as réussi à entrer dans la cuisine ! Ces placards attirent tout de suite ton attention : les desserts qui seront servis aux clients du soir sont stockés à l'intérieur. Chaque placard semble correspondre à un numéro de table.

COMMANDES SERVICE DU MIDI

Table Mme Mancini

Pomodoro mozzarella

Rigatoni à la caponata

Vin blanc

Table M. Piana

Bruschetta

Orecchiette à la caponata

Eau

Tab M. Rossi

Bruschetta

Orecchiette à la caponata

Dessert du chef

Eau

NOTE AUX SERVEURS

Pour le service du soir, merci d'installer Raffaele Esposito à la même table que Monsieur Rossi

Table Mme Capiani

Carpaccio

Orecchiette à la caponata

Dessert du chef

Vin rouge

le M. Giordano

Bruschetta

Rigatoni à la caponata

Dessert du chef

Eau

Table Mme Paoletti

Bruschetta

Orecchiette à la norma

Dessert du chef

Eau

Je détecte une forte dose de poison à l'intérieur d'un des placards. Mais je ne parviens pas à le localiser plus précisément. Tu vas devoir mener l'enquête pour identifier quel dessert est destiné à Raffaele Esposito, c'est forcément celui qui est piégé. Dès que tu as trouvé, ouvre le placard correspondant !

Tu as réussi à démonter la serrure et à t'extraire de la salle d'eau. Pendant les quelques minutes qui viennent de s'écouler, DZ13 a réuni les ingrédients et concocté les préparations. Il ne te reste plus qu'à lancer les cuissons !

LE SAIS-TU ?

LA CUISSON est l'opération par laquelle un aliment est transformé sous l'effet de la chaleur. Elle permet de modifier le goût, la saveur, l'aspect, la couleur ou encore la texture. Les aliments peuvent être cuits dans un liquide (eau, sirop, vin...), grâce à un gaz (vapeur d'eau...), mais aussi sous vide : dans ce cas, la nourriture est placée dans un contenant étanche avant d'être chauffée.

Ta réponse

CUISINE

Tu as trouvé le code et tu l'as tapé sur le clavier, le tiroir de la caisse enregistreuse s'est ouvert comme par magie ! À l'intérieur, comme te l'avait prédit DZ13, un mystérieux bout de papier soigneusement plié…

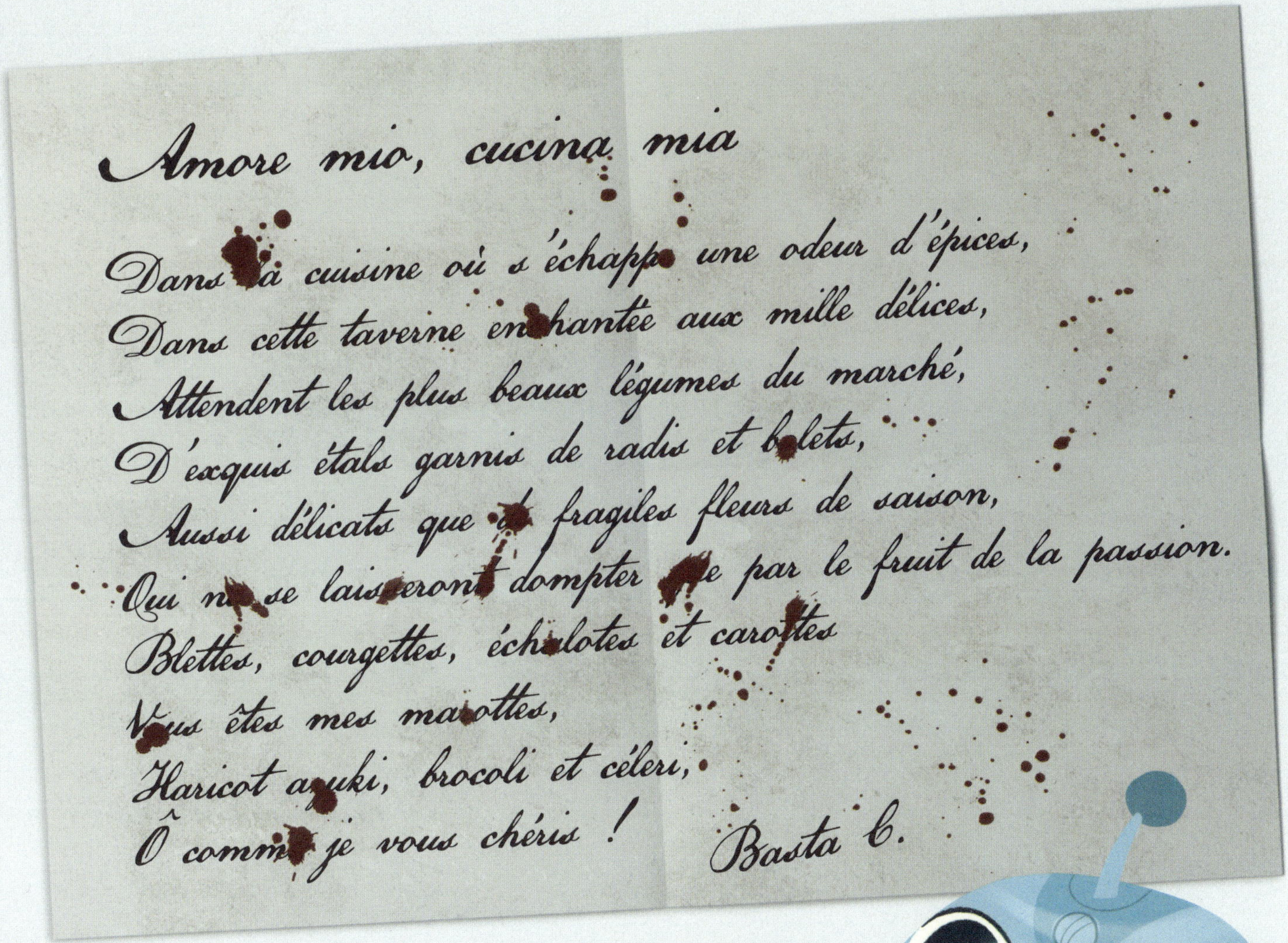

Amore mio, cucina mia

Dans la cuisine où s'échappe une odeur d'épices,
Dans cette taverne enchantée aux mille délices,
Attendent les plus beaux légumes du marché,
D'exquis étals garnis de radis et bolets,
Aussi délicats que de fragiles fleurs de saison,
Qui ne se laisseront dompter que par le fruit de la passion.
Blettes, courgettes, échalotes et carottes
Vous êtes mes marottes,
Haricot azuki, brocoli et céleri,
Ô comme je vous chéris !

Basta C.

Ta réponse

Ce four est super efficace, tout a cuit en quelques minutes ! Tu as assemblé les préparations et placé ce nouveau dessert dans le placard, ni vu, ni connu. Tu entends tout à coup du bruit en provenance de la salle du restaurant. Le chef Basta Cosi est de retour, dans quelques secondes il entrera dans la cuisine...

LE SAIS-TU ?

Le DRAPEAU ITALIEN naît en 1797, alors que l'Italie vient d'être traversée par les armées victorieuses du général français Napoléon Bonaparte. Les républiques qui voient le jour pendant cette période adoptent presque toutes des drapeaux calqués sur le modèle français. En Italie, on choisit de remplacer le bleu par du vert. Vert, blanc, rouge, ça ne te rappelle rien ? La pizza margherita ! Raffaele Esposito s'est inspiré des couleurs de son drapeau pour créer son plat !

Tu es à l'intérieur, bravo ! Te voilà dans la salle du restaurant. Les restes du repas de midi sont toujours sur les tables. Il faut absolument que tu trouves un moyen d'entrer dans la cuisine ! La porte est fermée avec un cadenas...

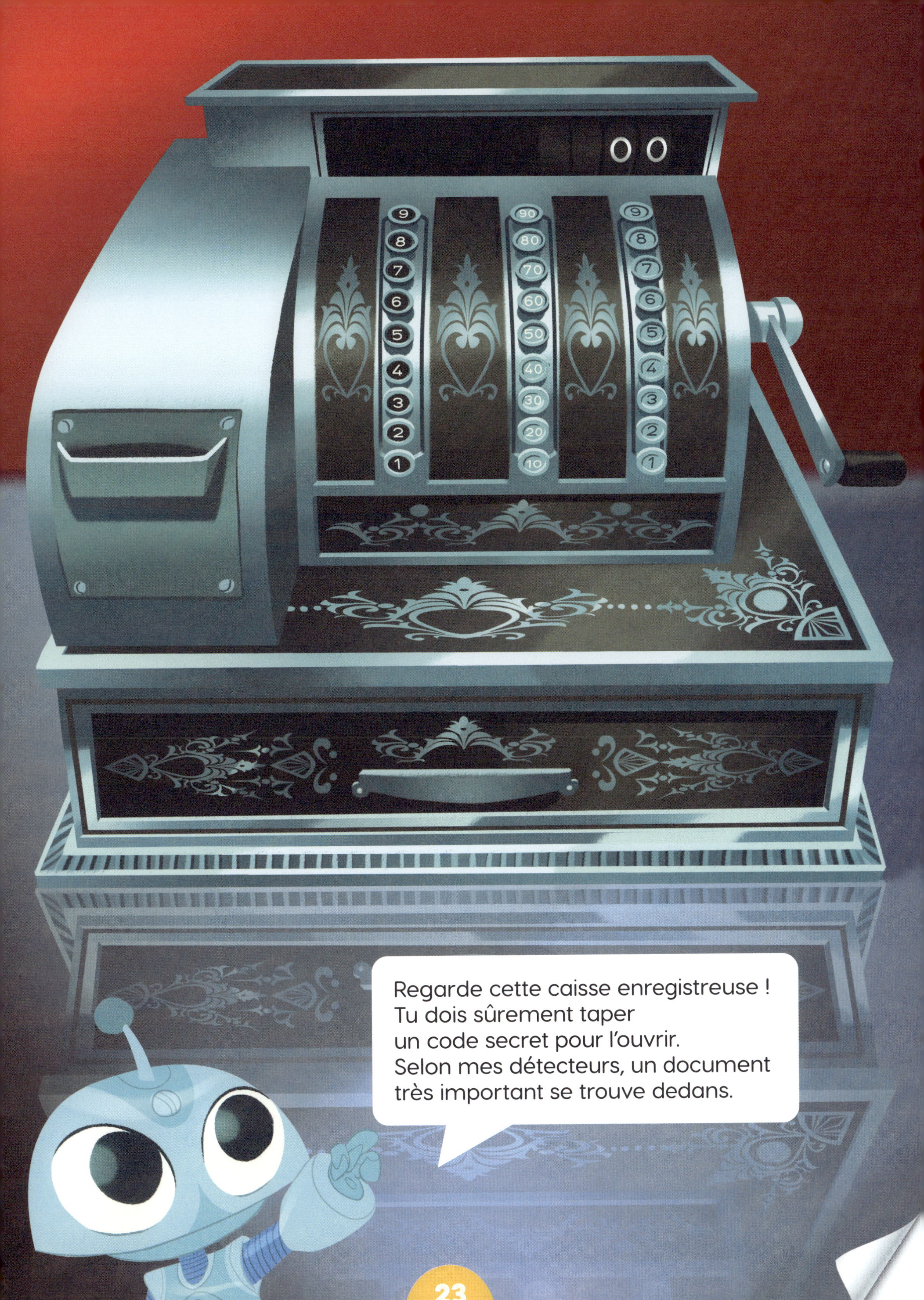
0 0
9 8 7 6 5 4 3 2 1
90 80 70 60 50 40 30 20 10
9 8 7 6 5 4 3 2 1
Regarde cette caisse enregistreuse ! Tu dois sûrement taper un code secret pour l'ouvrir. Selon mes détecteurs, un document très important se trouve dedans.

18
10
32

Bravo ! Mission accomplie : tu as réussi à t'échapper du restaurant à temps ! Dans quelques minutes, après avoir mangé son dessert, le grand chef cuisinier Raffaele Esposito rentrera chez lui sain et sauf, sans s'être aperçu de rien. À la grande surprise de Basta Cosi, qui pensera s'être trompé dans la préparation de son poison...

Le lendemain, comme prévu, Raffaele Esposito présentera sa pizza margherita à la famille royale italienne. Grâce à toi, son plat sera un énorme succès et conquerra bientôt le monde entier.

DZ13 semble très fier de toi ! Ton robot te ramène immédiatement à la réalité en faisant apparaître un portail spatio-temporel. Il est temps de rentrer à la maison et de revenir dans le présent. Sans doute pas pour très longtemps. Car DZ13 t'a prévenu(e) : une nouvelle aventure t'attend...

Bien joué, tu as récupéré la recette du dessert, tu as identifié les ingrédients nécessaires et tu as pris soin de détruire le mets empoisonné. Il ne te reste plus qu'à passer aux fourneaux ! Pendant que DZ13 part en quête des aliments dont tu as besoin, tu vas te laver les mains. Mais... la porte de la salle d'eau se referme violemment derrière toi, impossible de la rouvrir, elle est bloquée. Tu es enfermé(e) !

Ta
réponse

INDICES

Les indices sont classés par page et non par ordre de résolution des énigmes. Si tu as besoin d'un coup de pouce, va donc lire ceux qui sont associés à la page sur laquelle tu es bloqué(e) !

PAGES 8-9

INDICE 1 : Fouille bien les environs : deux chiffres sont cachés sur la devanture !

INDICE 2 : L'écriteau qui indique que l'établissement est un restaurant semble suspect. Observe-le attentivement, il doit t'indiquer un nombre... N'oublie pas de vérifier ta réponse grâce à la grille de validation de DZ13, page 42 !

PAGES 10-13

INDICE 1 : N'oublie pas qu'un coin de page corné te permet d'accéder à la page suivante et/ou précédente !

INDICE 2 : As-tu bien regardé les objets que DZ13 t'a confiés avant le début de la mission ? Tu peux les découper pages 43 à 48. L'un d'eux t'aidera !

INDICE 3 : Connais-tu le nom du dessert qui est face à toi, que tu dois reproduire à l'identique ? Pour l'identifier, tu peux te servir du menu, à découper dans la boîte à outils de DZ13 pages 47-48. Il décrit l'aspect de tous les desserts servis dans ce restaurant.

INDICE 4 : Ça y est, tu as identifié ce dessert ? Intéresse-toi maintenant à la recette correspondante. Commence par lire l'étape 1 : as-tu repéré les dessins des ingrédients mentionnés ? Tu peux peut-être essayer de les relier dans l'ordre, du premier au dernier cité...

INDICE 5 : Procède de la même manière pour l'étape 2 de la recette : repère chaque ingrédient et relis-les dans l'ordre. Tu dois avoir dessiné un nombre... Vérifie vite ta réponse grâce à la grille de validation de DZ13, page 42 !

PAGES 14-15

INDICE 1 : As-tu bien regardé les objets que DZ13 t'a confiés avant le début de la mission ? Tu peux les découper pages 43 à 48. L'un d'eux t'aidera.

INDICE 2 : Pour identifier quel placard contient le dessert destiné à Raffaele Esposito, tu vas notamment devoir observer les restes du repas de midi ! Tu les as vus tout à l'heure, sur les tables du restaurant, pages 22 et 25.

INDICE 3 :

As-tu lu la note où il est écrit que, ce soir, Raffaele Esposito mangera à la table où Monsieur Rossi a déjeuné ce midi ? Sers-toi de cette information !

INDICE 4 : Pour savoir dans quel placard est le dessert empoisonné, tu dois recouper trois éléments :
- Les restes du repas de midi, que tu peux observer sur les six tables du restaurant ;
- Le bon de commande du déjeuner de Monsieur Rossi ;
- Le menu du restaurant, à découper dans la boîte à outils de DZ13 pages 47-48, qui décrit l'aspect des entrées et des plats.

INDICE 5 : Associe chaque table à son bon de commande grâce à la description des entrées et des plats sur le menu. Tu as réussi à déduire le numéro de la table où a mangé Monsieur Rossi ce midi ? C'est celle où dînera Raffaele Esposito ce soir ! Ouvre donc le placard qui correspond, c'est forcément celui qui contient le dessert empoisonné ! Avant cela, tu peux vérifier ta réponse grâce à la grille de validation de DZ13, page 42.

PAGES 16-17

INDICE 1 : As-tu bien regardé les objets que DZ13 t'a confiés avant le début de la mission ? Tu peux les découper pages 43 à 48. Certains peuvent sûrement t'aider !

INDICE 2 :

Tu peux utiliser les deux molettes que je t'ai données. Elles servent à régler la température des deux feux de cuisson.

INDICE 3 : Commence par identifier quelle molette va avec quel feu. Le feu de gauche a huit thermostats différents, celui de droite n'en a que quatre. As-tu aussi remarqué que, sur chaque molette, une branche est en forme de flèche ?

INDICE 4 : Un seul feu peut être réglé sur 200 degrés, celui de gauche. L'autre doit donc forcément être réglé sur 120 degrés.

INDICE 5 : Pour régler le feu de gauche sur 200 degrés, positionne la flèche de la molette à huit branches face à l'inscription « 200 ». Ne remarques-tu rien ?

INDICE 6 : En positionnant la flèche de la molette à huit branches face à l'inscription « 200 », un seul numéro de thermostat reste visible : le 2. Il ne te reste plus qu'à régler correctement le feu de droite !

INDICE 7 : De gauche à droite, tu dois avoir récupéré deux chiffres. Va vite vérifier ta réponse grâce à la grille de validation de DZ13, page 42 !

PAGES 18-19

INDICE 1 : Ces taches de sauce tomate étalées sur le poème sont intrigantes. Et si elles n'étaient pas là par hasard ?

INDICE 2 :

INDICE 3 : Et si tu essayais de ne lire que les lettres tachées de sauce tomate ? Elles te donneront peut-être une information importante… Tu as récupéré un nombre ? Vérifie ta réponse le plus rapidement possible grâce à la grille de validation de DZ13, page 42 !

PAGES 20-21

INDICE 1 :

INDICE 2 : As-tu remarqué les deux symboles « + » qui se trouvent sur la porte ?

INDICE 3 : On retrouve les couleurs de la porte sur certains carreaux au sol ! Et si tu essayais de compter les carreaux verts, les carreaux blancs et les carreaux rouges ?

INDICE 4 : Les symboles « + » sur la porte signifient sans doute que l'on doit additionner les carreaux verts, blancs et rouges. Tu penses avoir trouvé le code du cadenas ? N'oublie pas de vérifier ta réponse grâce à la grille de validation de DZ13, page 42 !

PAGES 22-25

INDICE 1 : N'oublie pas qu'un coin de page corné te permet d'accéder à la page suivante et/ou précédente !

INDICE 2 : As-tu bien regardé les objets que DZ13 t'a confiés avant le début de la mission ? Tu peux les découper pages 43 à 48. Certains peuvent sûrement t'aider !

INDICE 3 : Regarde bien au dos de la caisse enregistreuse, page 24. Un schéma y est dessiné. On dirait qu'il a la même forme que deux objets que tu possèdes.

INDICE 4 :

Le schéma a la même forme que les billets que tu peux découper pages 45-46 ! Il semble indiquer que tu dois réaliser un pliage.

INDICE 5 : Si tu plies un des deux billets exactement comme sur le schéma, tu pourras lire un mot de haut en bas. Fais la même chose avec le second billet et un second mot apparaîtra. Les deux mots écrivent un nombre en lettres ! Va vérifier ta réponse grâce à la grille de validation de DZ13, page 42.

PAGES 26-27

Pas d'indice sur ces pages.

PAGES 28-29

INDICE 1 : As-tu bien regardé les objets que DZ13 t'a confiés avant le début de la mission ? Tu peux les découper pages 43 à 48. Certains peuvent sûrement t'aider !

INDICE 2 :

Regarde attentivement la porte qui te retient prisonnier. Tu peux peut-être dévisser les écrous à l'aide d'un outil...

INDICE 3 : L'une des quatre clés anglaises que tu possèdes te permettra certainement de sortir de là. Mais laquelle ?

INDICE 4 : Pour savoir quelle clé anglaise tu dois utiliser, plaque-les l'une après l'autre sur l'un des écrous à dévisser. Une seule semble avoir la taille requise : elle n'est ni trop petite, ni trop grande.

INDICE 5 : Tu penses avoir trouvé la bonne clé anglaise ? As-tu remarqué qu'elle est numérotée ? N'hésite pas une seule seconde : va vérifier ta réponse grâce à la grille de validation de DZ13, page 42 !

Les solutions sont classées par page et non par ordre de résolution des énigmes. Si tu veux donc connaître la réponse à une énigme, va donc lire celle qui est associée à la page sur laquelle tu es bloqué(e) !

PAGES 8-9

L'écriteau affiché sur la façade cache deux chiffres ! Il devrait y être écrit « RISTORANTE » (mot italien qui signifie « restaurant ») et non « RI2TORANT3 ». De gauche à droite, tu lis un 2 puis un 3 : va donc vite page 23 pour déverrouiller le cadenas et ouvrir la porte d'entrée !

PAGES 10-13

Observe bien le dessert que tu dois reproduire, page 10. Avant de commencer à cuisiner, il faut que tu l'identifies. Pour cela, aide-toi de la description des desserts servis par le restaurant, à lire sur le menu à découper dans la boîte à outils de DZ13, pages 47-48.

Le dessert qui est face à toi est un « récipient rempli d'une épaisse couche blanche, puis d'une fine couche rouge recouverte de petites sphères noires, rouges et roses ». Il s'agit donc d'une panna cotta aux fruits rouges.

Intéresse-toi maintenant à la recette correspondante, page 11.
Lis l'étape 1 puis, pages 12-13, repère les dessins des ingrédients mentionnés. Enfin, relie-les dans l'ordre, du premier au dernier cité. Pour l'étape 1, tu dois donc relier, dans l'ordre, les fraises, les framboises, les cerises, l'eau, le sucre en morceaux puis le citron.
Procède de la même manière pour l'étape 2 : relie, dans l'ordre, la crème, le lait, le sucre en poudre, la vanille, puis à nouveau la crème.

Tu obtiendras ce résultat :

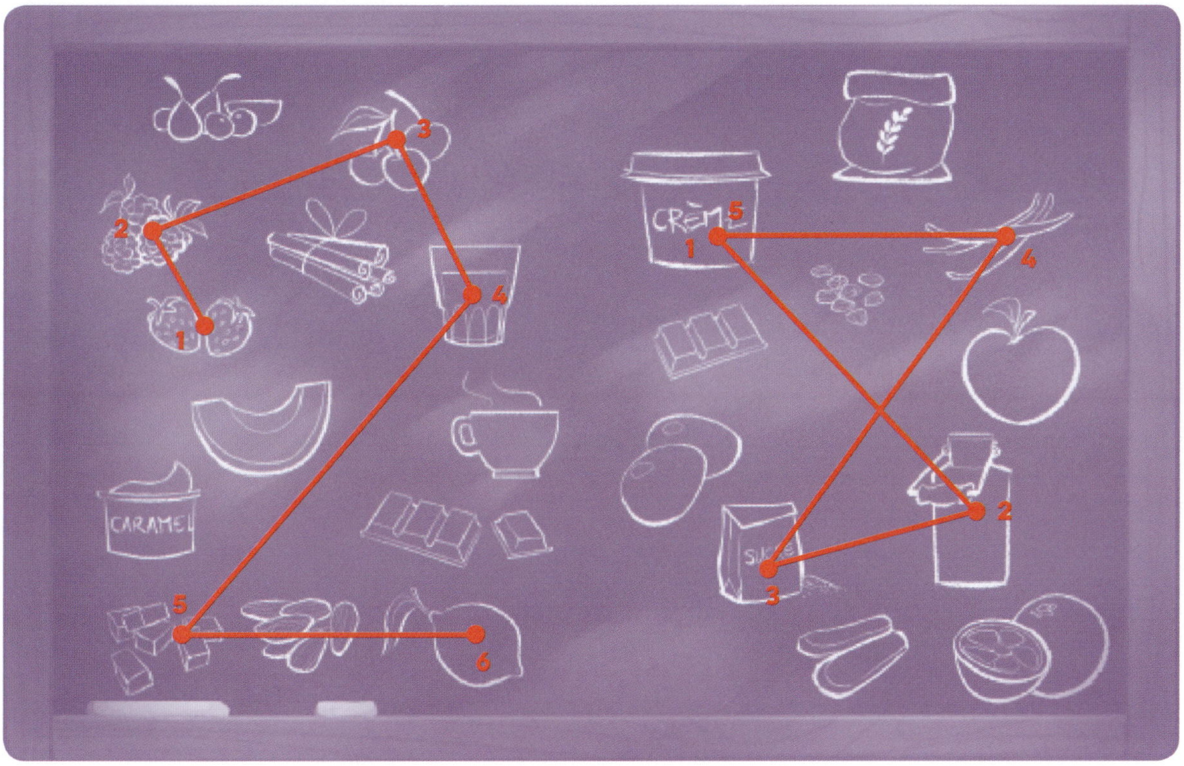

Tu as donc dessiné le nombre 28. Chaque seconde compte, va le plus rapidement possible page 28 pour vivre la suite de l'aventure !

PAGES 14-15

Pour identifier quel placard contient le dessert destiné à Raffaele Esposito, associe chaque table à son bon de commande. Pour cela, aide-toi de :

- La description des entrées et des plats qui figure sur le menu du restaurant, à découper dans la boîte à outils de DZ13, pages 47-48 ;
- Les restes du repas de midi, que tu peux observer sur les tables pages 22 et 25.

Par exemple, sur la table numéro 10, tu vois :

- Un reste de « socle brun surmonté de couches blanche, rouge, puis verte », avec une « texture blanche granuleuse » : il s'agit donc d'un reste de bruschetta.
- Un reste de « petits éléments brillants en forme d'oreilles, recouverts de matières rouges, noires et vertes » : il s'agit donc d'un reste d'orecchiette à la caponata.
- Une coupe qui contient les restes d'un dessert.
- Un verre d'eau.

Cette commande correspond à celle de Monsieur Rossi, qui a donc mangé à la table numéro 10.

Procède ainsi pour les cinq autres tables et tu obtiendras ce résultat :

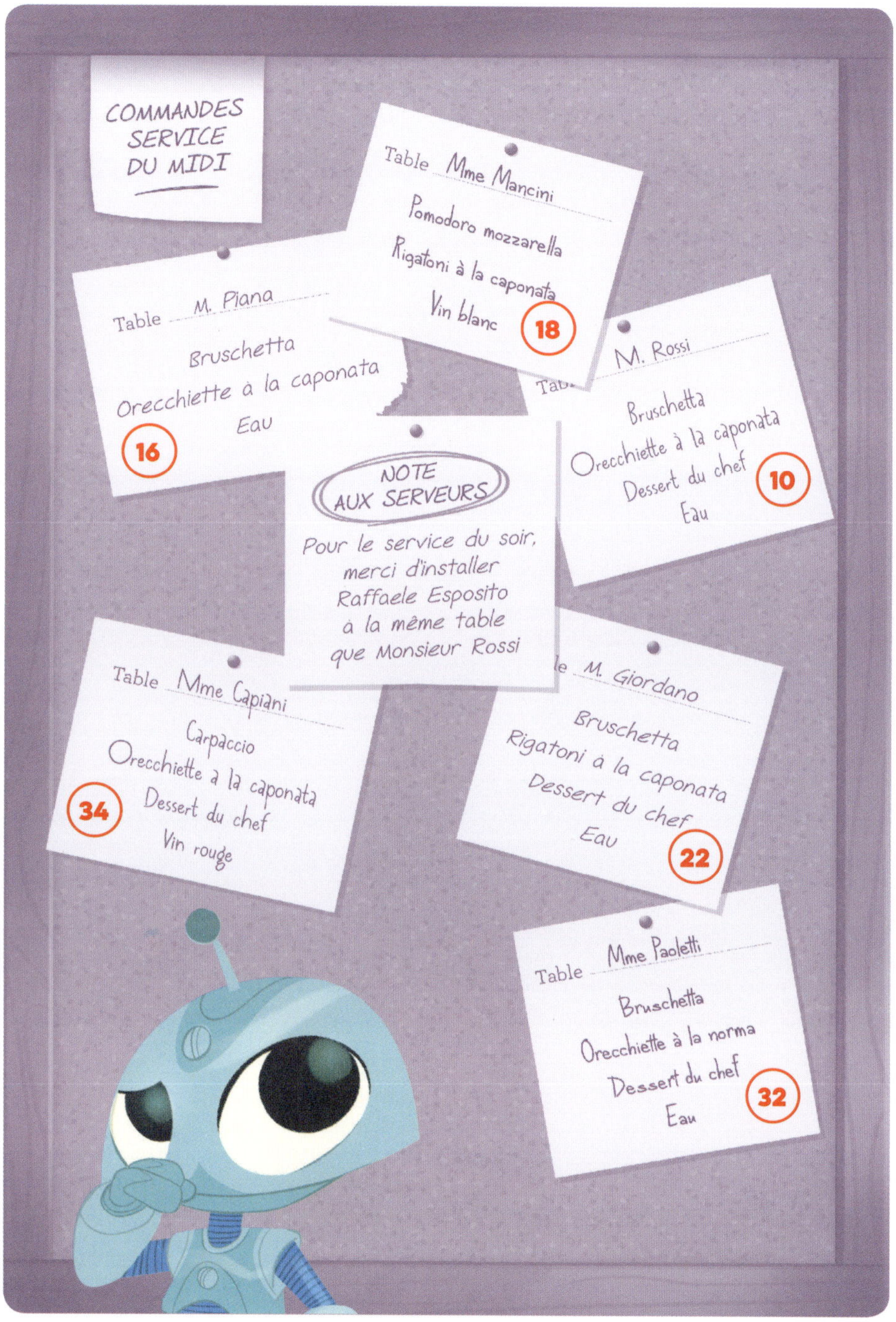

Tu as réussi à déduire le numéro de la table où a mangé Monsieur Rossi, il s'agit de la numéro 10. Or, c'est celle où dînera Raffaele Esposito ce soir, comme précisé sur la petite note accrochée au milieu du tableau des commandes. Ouvre donc le placard numéro 10, c'est forcément celui qui contient le dessert empoisonné : va vite page 10 !

PAGES 16-17

Tu dois régler les deux feux de cuisson à la bonne température ! Pour cela, utilise les deux molettes, à découper dans la boîte à outils de DZ13, pages 45-46.
La molette qui comporte huit branches est celle qui active le feu à huit thermostats, celui de gauche. La molette qui comporte quatre branches est celle qui active le feu à quatre thermostats, à droite.

DZ13 connaît la recette, il t'indique que « l'un des feux doit être réglé sur 120 degrés, l'autre sur 200 ». Or, un seul feu peut être réglé sur 200 degrés, celui de gauche. Celui de droite doit donc forcément être réglé sur 120 degrés.

Pour régler le feu de gauche sur 200 degrés, positionne la flèche de la molette à huit branches face à l'inscription « 200 ». Un seul numéro de thermostat reste alors visible : le 2.
Pour régler le feu de droite sur 120 degrés, positionne la flèche de la molette à quatre branches face à l'inscription « 120 ». Un seul numéro de thermostat reste alors visible : le 0.

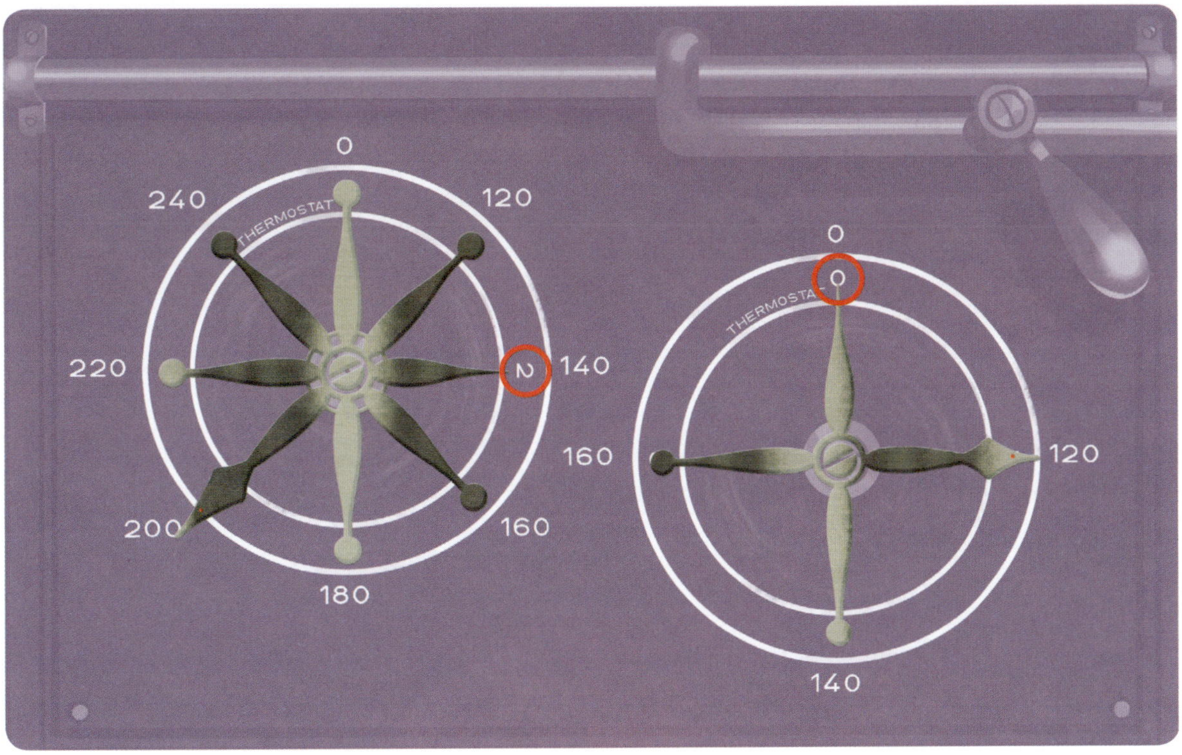

De gauche à droite, tu lis le nombre 20 ! Va donc le plus rapidement possible page 20, le temps presse !

PAGES 18-19

Intéresse-toi uniquement aux lettres tachées de sauce tomate et tu déchiffreras la phrase suivante : « Le code est quatorze ». Basta Cosi avait caché le code qui permet d'accéder à sa cuisine dans ce poème, et tu viens de le trouver ! Va rapidement à la page 14 pour entrer dans la cuisine !

PAGES 20-21

Observe attentivement la porte ainsi que le carrelage. As-tu remarqué que l'on retrouve les couleurs de la porte sur certains carreaux au sol ? Tu comptes 16 carreaux verts, 2 carreaux blancs et 8 carreaux rouges. Les deux symboles « + » cachés sur la porte signifient que tu dois effectuer une addition. En additionnant les carreaux verts, blancs et rouges, tu obtiens 26. Dépêche-toi d'aller page 26 pour ouvrir la porte et t'enfuir du restaurant !

PAGES 22-25

Découpe les deux billets qui se trouvent dans la boîte à outils de DZ13, pages 45-46. Si tu les plies exactement comme sur le schéma dessiné au dos de la caisse enregistreuse, page 24, tu pourras lire deux mots de haut en bas. Attention à ne pas te tromper de sens : le motif en forme de cheval qui apparaît sur le schéma doit être face à toi lorsque tu effectues le pliage !
Tu obtiendras ceci :

Sur l'un des billets, tu lis « DIX ». Sur l'autre, « HUIT ». Le code qui permet d'ouvrir la caisse enregistreuse est donc certainement 18 ! Va le plus rapidement possible page 18, la suite de l'aventure t'y attend !

PAGES 28-29

Grâce aux clés anglaises à découper dans la boîte à outils de DZ13, pages 43-44, tu peux dévisser les écrous de la porte ! Mais une seule clé te permettra de sortir de là : celle qui n'est ni trop petite, ni trop grande.

Plaque les clés anglaises l'une après l'autre sur l'un des écrous, jusqu'à ce que tu trouves celle qui correspond parfaitement :

La clé anglaise que tu dois utiliser est donc celle qui porte le numéro 16 : va vite page 16 pour dévisser la serrure de la porte !

GRILLE DE VALIDATION

As-tu trouvé la bonne réponse à l'énigme ?

Pour le savoir, demande à DZ13 le robot ! Il a réussi à récupérer une grille qui te permet de vérifier chaque réponse.

COMMENT FAIRE ? Par exemple, si tu penses que la solution à l'énigme des pages 20-21 est 19, cherche la colonne « pages 20-21 » et la ligne « 19 ». Si, à la croisée des deux, tu trouves un pouce tourné vers le haut, c'est gagné et tu peux donc aller page 19, où t'attend la suite de la mission !
En revanche, si tu trouves un pouce tourné vers le bas, cela signifie que tu t'es trompé(e) : tu dois donc vite retourner pages 20-21 pour retenter ta chance.

PAGES DE L'ÉNIGME À RÉSOUDRE

PAGE OÙ SE TROUVE LA SUITE DE LA MISSION	8-9	10-13	14-15	16-17	18-19	20-21	22-25	28-29
9	👎	👎	👎	👎	👎	👎	👎	👎
10	👎	👎	👍	👎	👎	👎	👎	👎
11	👎	👎	👎	👎	👎	👎	👎	👎
12	👎	👎	👎	👎	👎	👎	👎	👎
13	👎	👎	👎	👎	👎	👎	👎	👎
14	👎	👎	👎	👎	👍	👎	👎	👎
15	👎	👎	👎	👎	👎	👎	👎	👎
16	👎	👎	👎	👎	👎	👎	👎	👍
17	👎	👎	👎	👎	👎	👎	👎	👎
18	👎	👎	👎	👎	👎	👎	👍	👎
19	👎	👎	👎	👎	👎	👎	👎	👎
20	👎	👎	👎	👍	👎	👎	👎	👎
21	👎	👎	👎	👎	👎	👎	👎	👎
22	👎	👎	👎	👎	👎	👎	👎	👎
23	👍	👎	👎	👎	👎	👎	👎	👎
24	👎	👎	👎	👎	👎	👎	👎	👎
25	👎	👎	👎	👎	👎	👎	👎	👎
26	👎	👎	👎	👎	👎	👍	👎	👎
27	👎	👎	👎	👎	👎	👎	👎	👎
28	👎	👍	👎	👎	👎	👎	👎	👎
29	👎	👎	👎	👎	👎	👎	👎	👎
30	👎	👎	👎	👎	👎	👎	👎	👎
31	👎	👎	👎	👎	👎	👎	👎	👎

LA BOÎTE À OUTILS DE DZ13

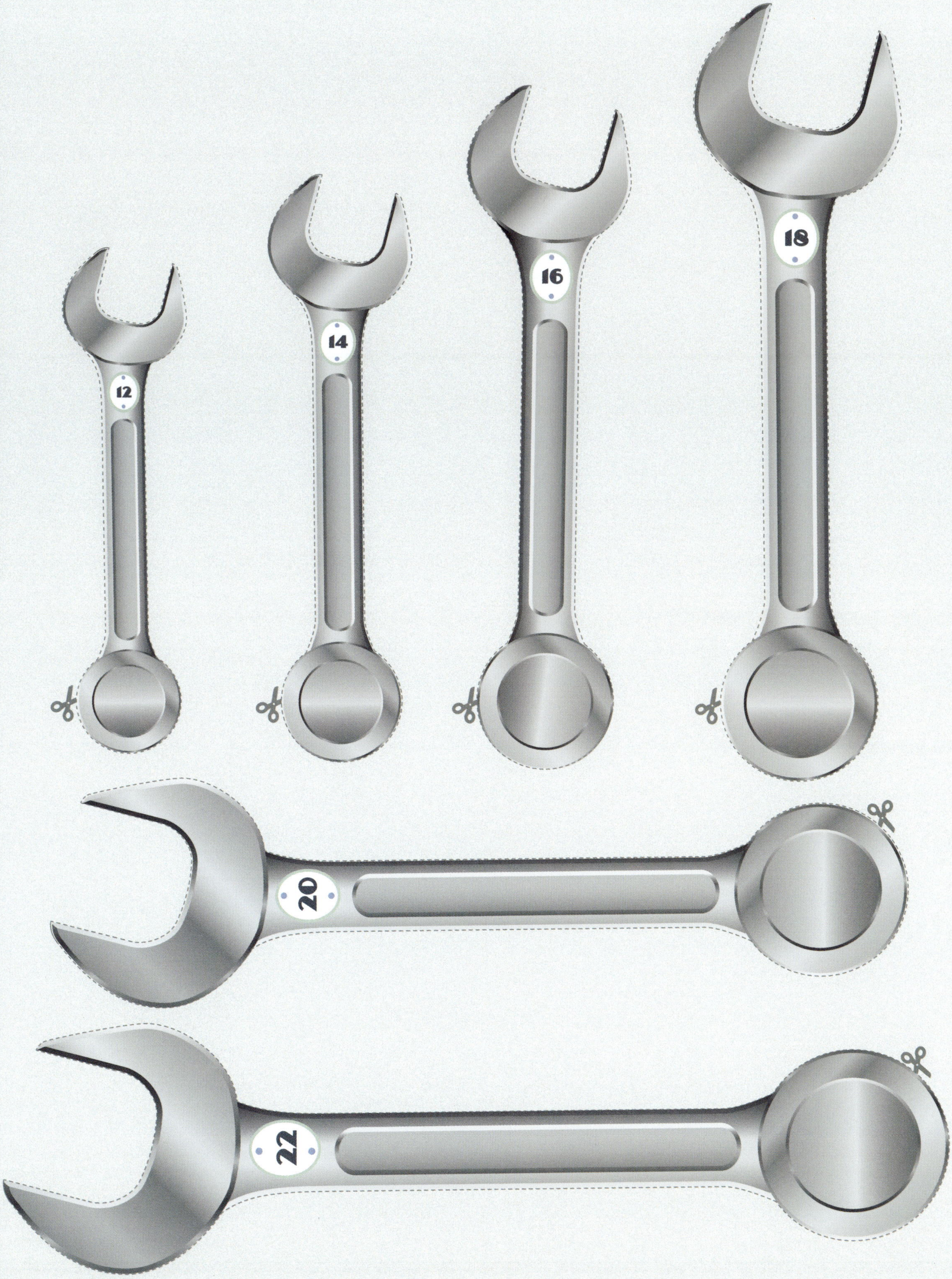

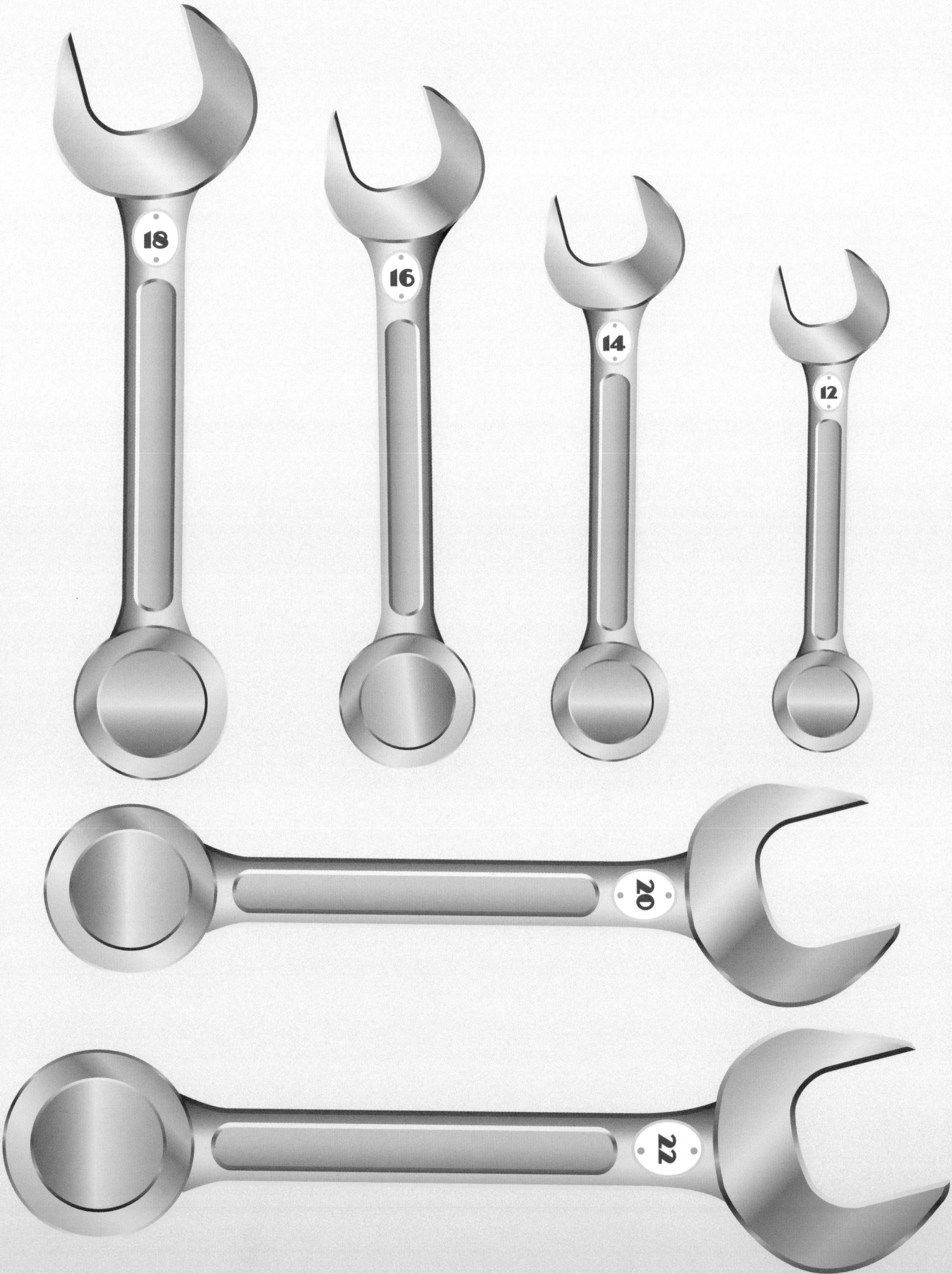
18
16
14
12
20
22

LA BOÎTE À OUTILS DE DZ13

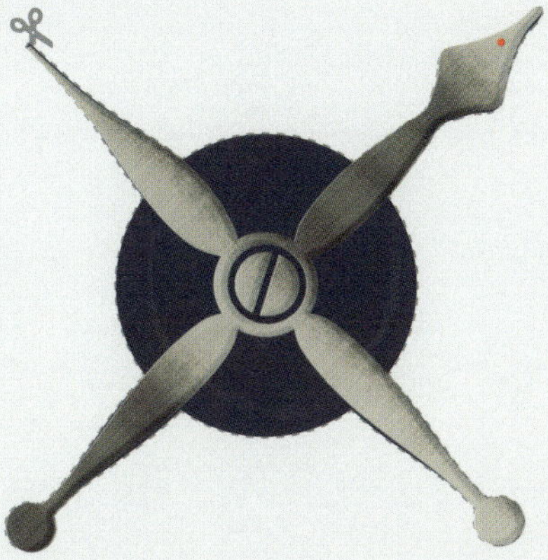

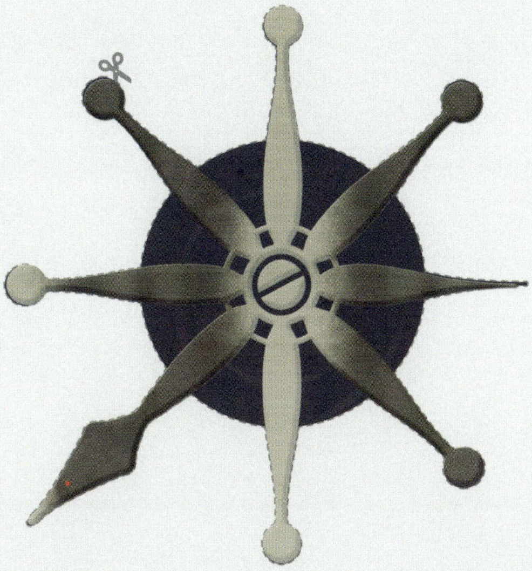

REGNO D'ITALIA
BIGLIETTO DI STATO
A CORSO LEGALE
LIRE
10
DIECI
LIRE

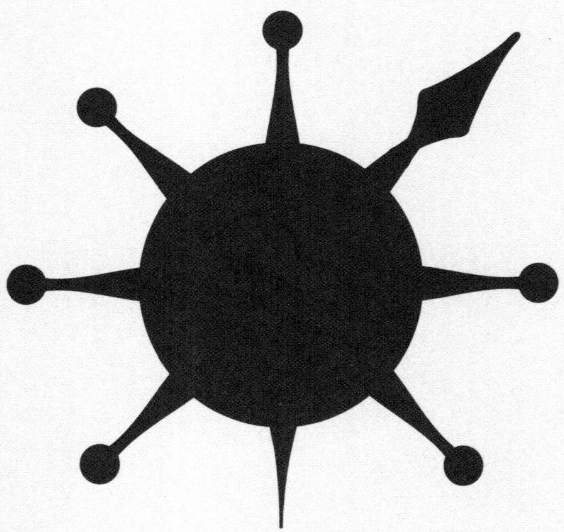

REGNO D'ITALIA
BIGLIETTO DI STATO
A CORSO LEGALE
LIRE
10
DIECI
LIRE

BASTA COSI

- RESTAURANT -

- MENU -

BASTA COSI

- RESTAURANT -

MENU

Entrées

POMODORO MOZZARELLA

Guirlande blanche et rouge parsemée de taches vertes.
Découpes en forme de cercle.
Apparence brillante.

BRUSCHETTA

Socle brun surmonté de couches blanche, rouge, puis verte.
Texture blanche granuleuse.

CARPACCIO

Rosace de disques rouges tachés de vert et de blanc.
Une partie est recouverte d'un petit tas vert plus clair.

Buon appetito !

Plats

ESCALOPE MILANAISE

Forme irrégulière de couleur dorée, accompagnée d'un fin disque jaune.

ORECCHIETTE À LA CAPONATA

Petits éléments brillants en forme d'oreilles, recouverts de matières rouges, noires et vertes.

ORECCHIETTE À LA NORMA

Petits éléments brillants en forme d'oreilles, recouverts de matières noires, rouges, blanches et vertes.

RIGATONI À LA CAPONATA

Petits éléments brillants en forme de tubes, recouverts de matières rouges, noires et vertes.

Desserts

PANETTONE AUX FRUITS CONFITS

Cylindre brun assez épais dont l'intérieur est tacheté de noir, vert, rouge, orange et jaune.

TIRAMISU AUX FRUITS ROUGES

Récipient rempli d'une fine couche rouge, puis d'une épaisse couche blanche recouverte de petites sphères noires, rouges et roses.

PANNA COTTA AUX FRUITS ROUGES

Récipient rempli d'une épaisse couche blanche, puis d'une fine couche rouge recouverte de petites sphères noires, rouges et roses.

SEMIFREDDO VANILLE FRAMBOISE

Pavé jaune pâle taché de rouge brillant, surmonté de petites sphères roses.

LE
HACKER
FOU

TOP CHRONO !

Bienvenue !

Tu fais partie des forces spéciales de l'agence spatio-temporelle Y, où tu es spécialiste des missions à risque : à tout moment, l'agence peut te convoquer et t'envoyer sur le terrain pour changer le cours du temps. Une violente attaque ennemie à empêcher en 1917 ? Un homme en cavale à rattraper en 1541 ? Une amulette magique à récupérer à l'époque de la Préhistoire ? C'est toujours toi qu'on appelle !

L'agence Y ne t'envoie heureusement jamais seul(e) en mission : ton fidèle robot DZ13 t'accompagne partout. C'est d'ailleurs grâce à lui, et son portail spatio-temporel, que tu peux voyager dans le temps. Attention : à chaque fois, tu dois atteindre ton objectif le plus rapidement possible, car DZ13 est incapable de maintenir son portail actif très longtemps.

Aujourd'hui, ta mission va t'envoyer en l'an 2394. À cette époque règne un homme qui répond au nom de Snarf, un savant fou qui prévoit de paralyser les ordinateurs du monde entier grâce à un puissant virus informatique... L'infection est en cours : bientôt, il sera trop tard ! Il te faut localiser et détruire le virus en hackant les machines de Snarf, puis t'échapper de son complexe scientifique avant qu'il se rende compte de ta présence.

Vite, tourne la page !

LE SAIS-TU ?

LE *HACKING*, ou piratage, est l'activité des hackers. Les hackers, ce sont des spécialistes en informatique capables d'identifier les failles d'un logiciel ou d'un site web, pour récupérer des informations ou créer des pannes informatiques, par exemple. Les hackers n'ont pas tous de mauvaises intentions. Ainsi, dans cette mission, ton objectif est de hacker le système informatique d'un professeur fou pour la bonne cause : tu dois l'empêcher de détruire tous les ordinateurs de la planète !

DZ13 et son portail spatio-temporel viennent de te déposer devant la porte d'entrée du complexe scientifique de Snarf, mais elle est évidemment fermée. Un lecteur d'empreintes digitales en contrôle l'accès. En l'observant, tu remarques qu'il a gardé en mémoire sa dernière utilisation… Ça tombe bien : dans sa base de données, DZ13 a enregistré les empreintes des personnes qui travaillent dans le quartier aujourd'hui. L'une d'elles doit forcément correspondre à celle que l'appareil affiche, tu pourras l'utiliser pour entrer !

Tu as trouvé quelle empreinte
est identique ? As-tu vu qu'elle
correspond à un numéro ?
Va vite à la page correspondante
pour découvrir la suite de l'aventure !

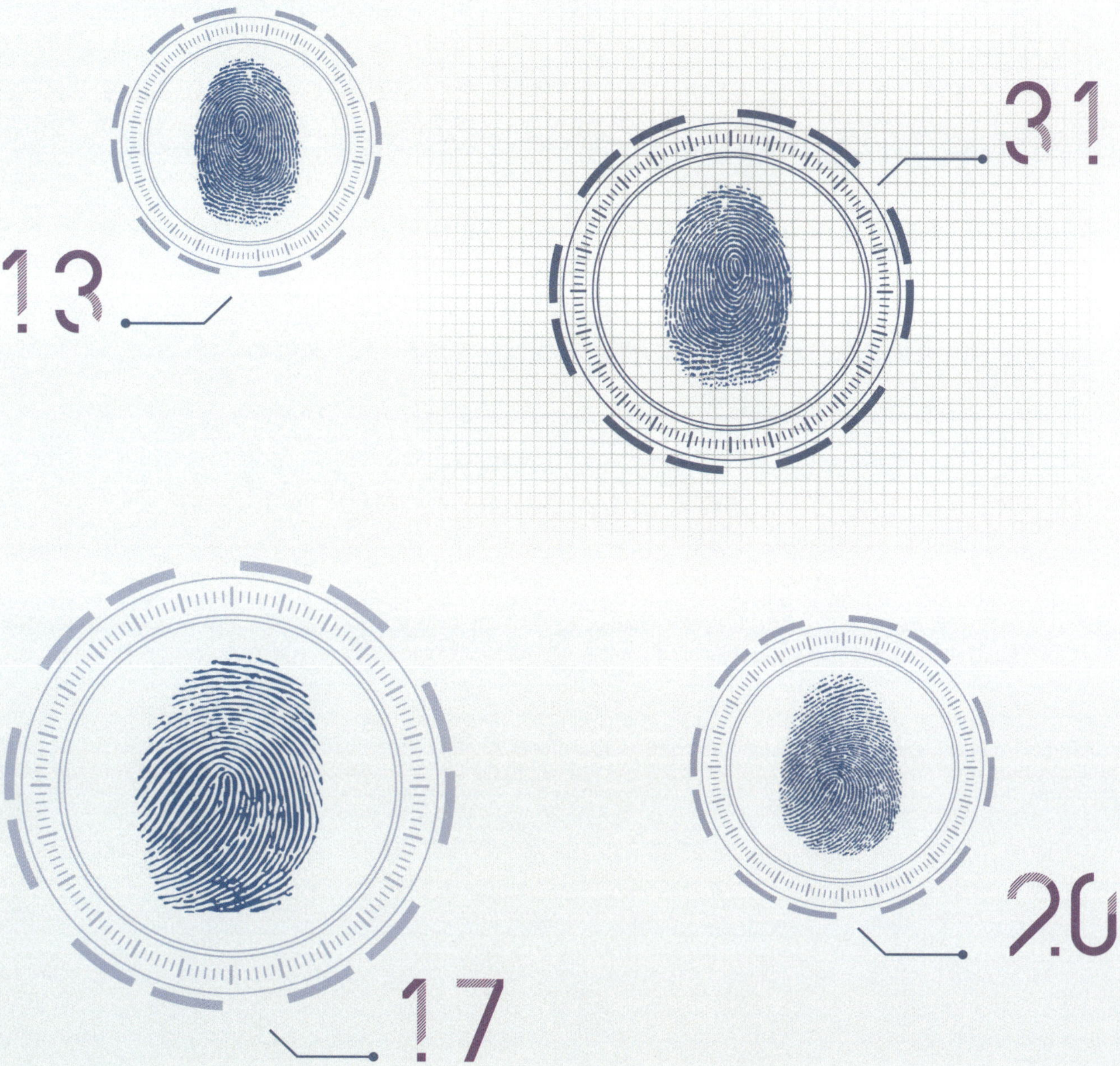

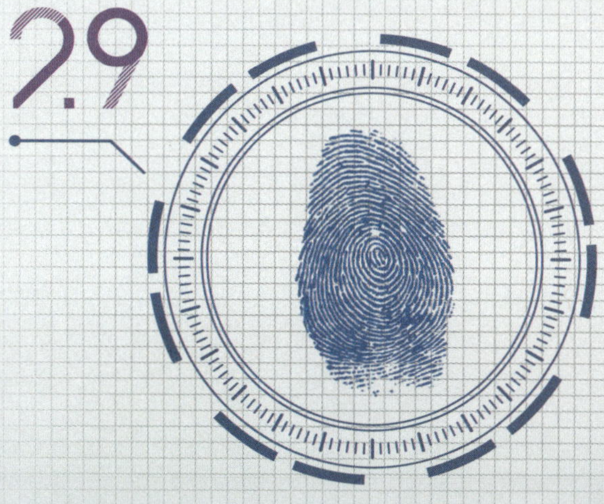

LE SAIS-TU ?

Même les vrais jumeaux ont des EMPREINTES DIGITALES différentes ! Elles sont toutes uniques et caractérisent un individu, ce qui en fait un outil très prisé par la police scientifique pour identifier des suspects. Certains artistes s'en servaient pour signer leurs œuvres dès l'Antiquité ! Les empreintes sont aussi très utilisées pour sécuriser des objets et des lieux. Leur étude s'appelle la dactyloscopie (du grec *daktylos*, « doigt », et *skopein*, « examiner »).

22

18

26

15

28

TA RÉPONSE

....

Tu as réussi à sortir du sas, bravo ! Tu es maintenant devant la salle où le puissant virus du professeur Snarf est stocké. Mais elle est protégée par une porte blindée...

Tout à coup, une étrange scientifique fait son apparition. Tu as tout juste le temps de te cacher ! Elle fait tourner les trois molettes fixées sur la porte, entre dans la pièce, en ressort quelques instants plus tard, puis remet les molettes en place. DZ13 a enregistré le bruit produit par les molettes lorsqu'elle les a réglées. Grâce à cela, tu devrais être capable d'en déduire le code à trois chiffres, et donc d'ouvrir la porte !

1

CLING CLING CLING
CLING CLING CLING CLING CLING

2

CLING CLING

3

CLING
CLING CLING CLING
CLING CLING CLING

TA RÉPONSE

....

A
B
C
0 1 2 3 4 5 6 7 8 9

Tu viens d'arriver dans l'atelier de Snarf. Il est rempli de carcasses de drones désactivés. Mais... l'un d'entre eux fait du bruit ! On dirait qu'il fonctionne encore, même s'il est en piteux état. Tu t'approches de lui. Il a l'air inoffensif. Il parle une langue que ni toi ni DZ13 ne comprenez...

TA RÉPONSE

....

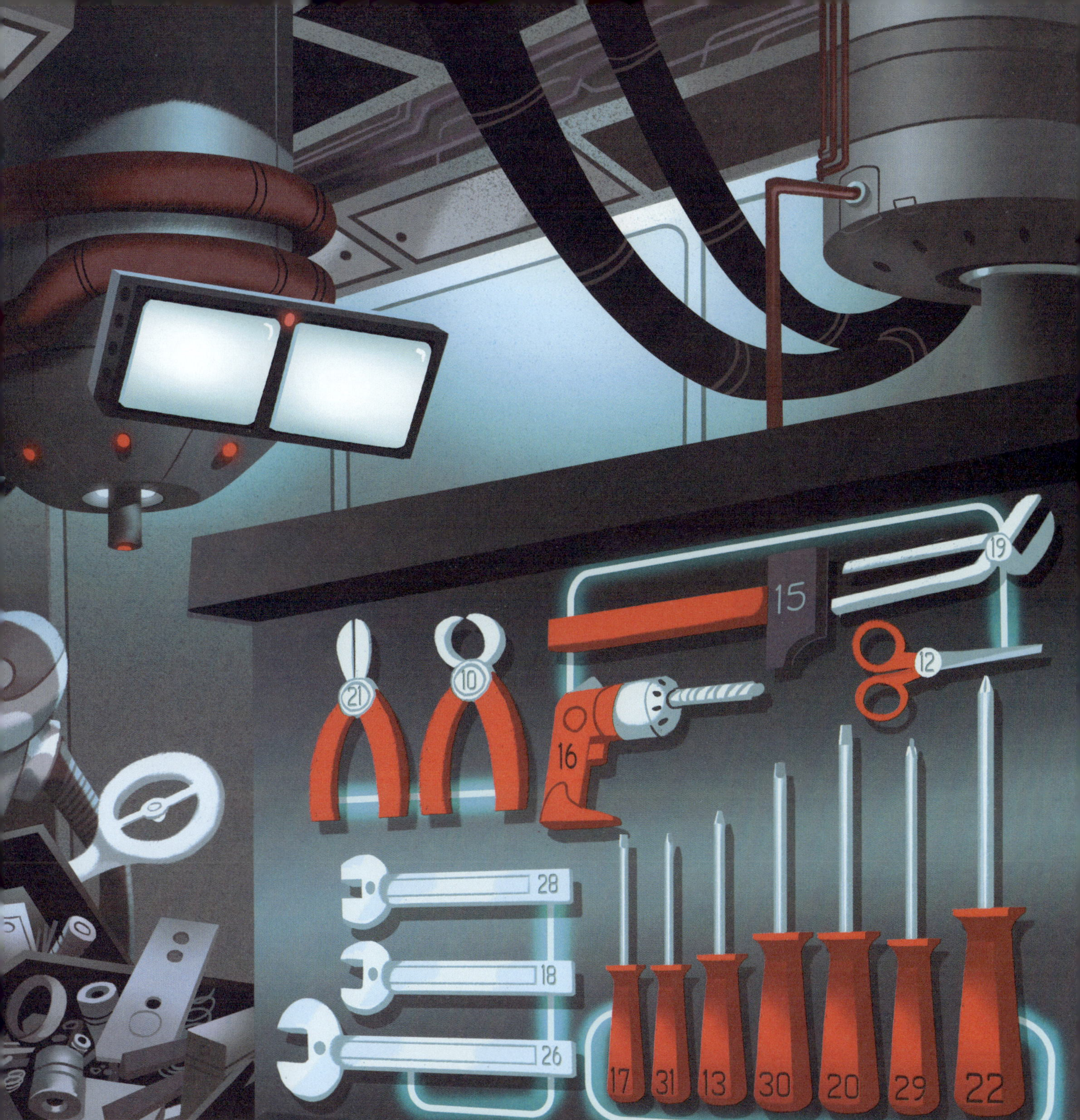

LE SAIS-TU ?

LES DRONES sont des objets qui volent sans aucun humain à bord, soit de manière autonome, soit en étant télécommandés. Leur poids varie beaucoup selon leur fonction, de quelques grammes à plusieurs tonnes. À l'origine, ils étaient uniquement utilisés dans l'armée, pour des missions de reconnaissance, par exemple. Depuis quelques années, ils sont de plus en plus petits et accessibles au grand public : ils permettent à ceux qui le souhaitent de prendre des photos ou des vidéos depuis le ciel, ou simplement de s'amuser à les piloter.

Tu viens de stopper le processus de prolifération en tapant le bon mot de passe. Tu as supprimé le virus ! Tu dois maintenant quitter le bâtiment le plus rapidement possible. Tu ouvres le compteur électrique qui se trouve dans la pièce. Il ne te reste qu'à couper un câble, un seul, celui qui permettra de déverrouiller toutes les portes. Pour cela, suis attentivement les instructions que DZ13 a trouvées.

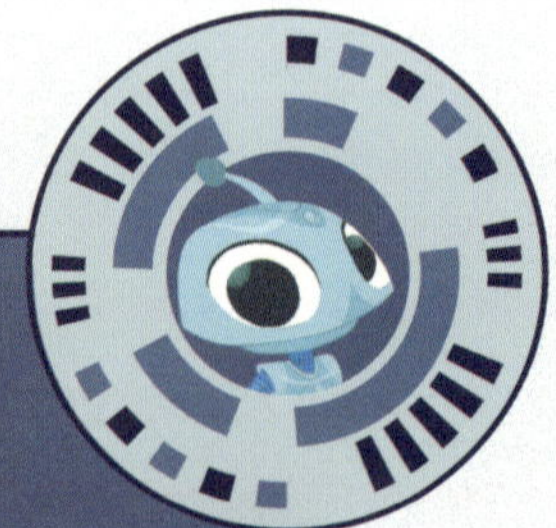

MANUEL D'INSTRUCTIONS

PROCÉDURE D'URGENCE

ÉTAPE 1 : TROUVER LE PROCESSEUR QUI CENTRALISE LES DIX CÂBLES ÉLECTRIQUES.

ÉTAPE 2 : POUR DÉVERROUILLER TOUTES LES PORTES DU COMPLEXE :

>NE PAS COUPER LES CÂBLES QUI SONT RELIÉS À UNE UNITÉ DE CONTRÔLE DONT LE NUMÉRO DE SÉRIE SE TERMINE PAR UNE LETTRE ENTRE B ET K INCLUS.

>NE PAS COUPER LES CÂBLES QUI SONT VERTS À L'ORIGINE PUIS DEVIENNENT JAUNES, SAUF S'ILS CHANGENT À NOUVEAU DE COULEUR POUR DEVENIR BLEUS.

>NE PAS COUPER LES CÂBLES QUI SONT DE COULEUR JAUNE SUR UNE LONGUEUR DE PLUS DE 8 ZIGOTRONS.

RÉPONSE

UNITÉ DE CONTRÔLE
75K

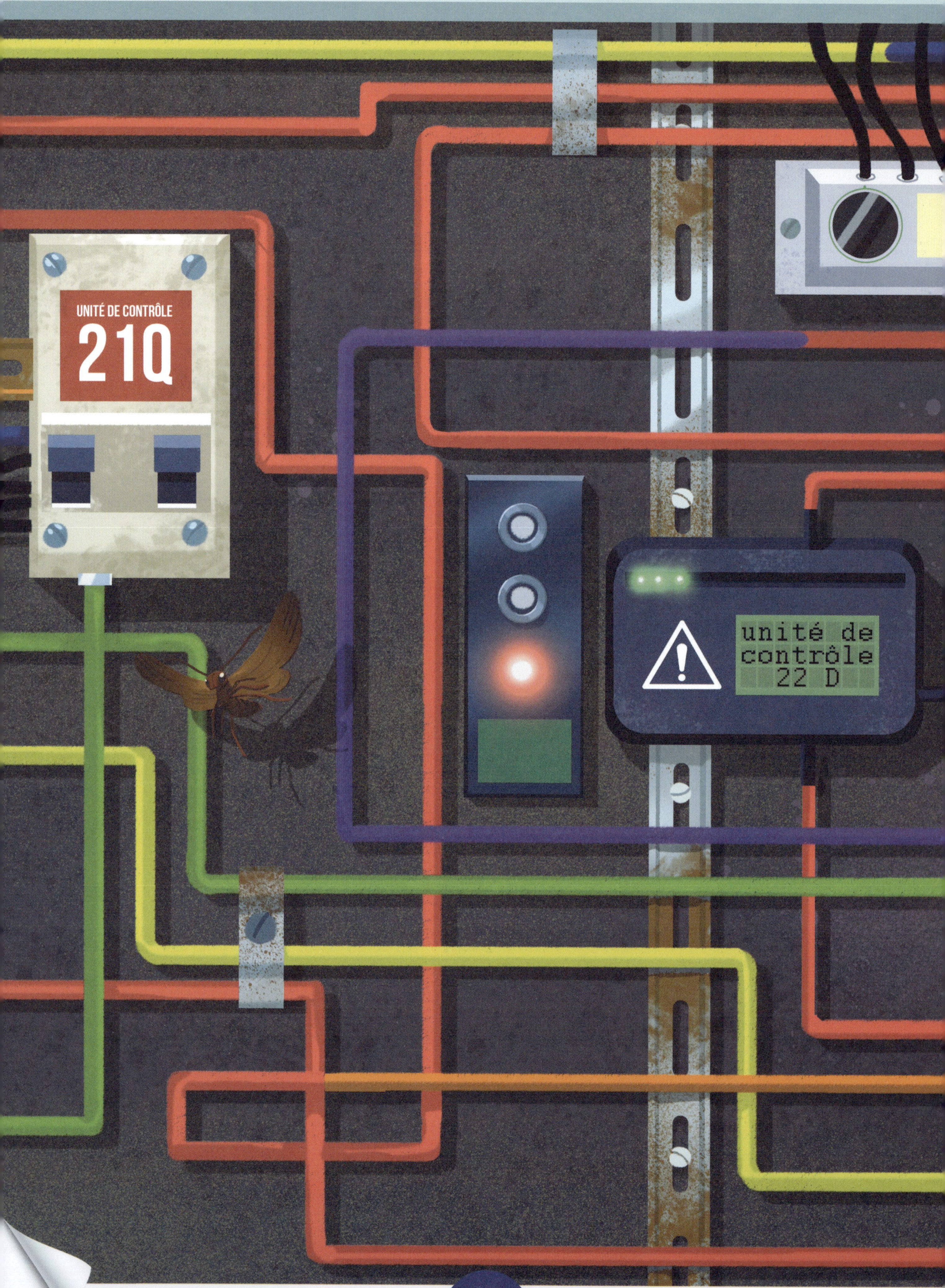
UNITÉ DE CONTRÔLE
21Q
unité de
contrôle
22 D

011
031
013
010
015
027
022
024
012
029

UNITÉ DE CONTRÔLE 47A
UNITÉ DE CONTRÔLE 15P
UNITÉ DE CONTRÔLE 1K

Te voilà dans la pièce que Snarf appelle « le sas des étoiles ». Un lieu psychédélique qui donne le tournis... Ta tête oscille de gauche à droite sous l'effet de ces illusions d'optique. Au loin, tu aperçois la porte de sortie, mais elle est fermée par un cadenas à trois chiffres. Tu dois trouver le code !

Bravo, mission accomplie ! Tu as réussi à t'échapper du complexe scientifique avant que Snarf remarque ta présence. En neutralisant le virus du savant fou, tu as empêché une attaque informatique mondiale qui aurait pu avoir des conséquences terribles.

Tu t'approches de DZ13, qui semble très fier de toi. Ton robot te ramène immédiatement à la réalité en faisant apparaître un portail spatio-temporel. Il est temps de rentrer à la maison et de revenir dans le présent ! Sans doute pas pour très longtemps. Car DZ13 t'a prévenu(e) : une nouvelle aventure t'attend...

Le complexe scientifique de Snarf est immense, un vrai labyrinthe ! L'explorer de fond en comble te prendrait trop de temps... D'étranges symboles sont dessinés sur la caméra de vidéosurveillance : ils te donneront peut-être les directions à suivre jusqu'à la bonne porte. Attention à ne pas toucher le rayon du laser, cela déclencherait l'alarme !

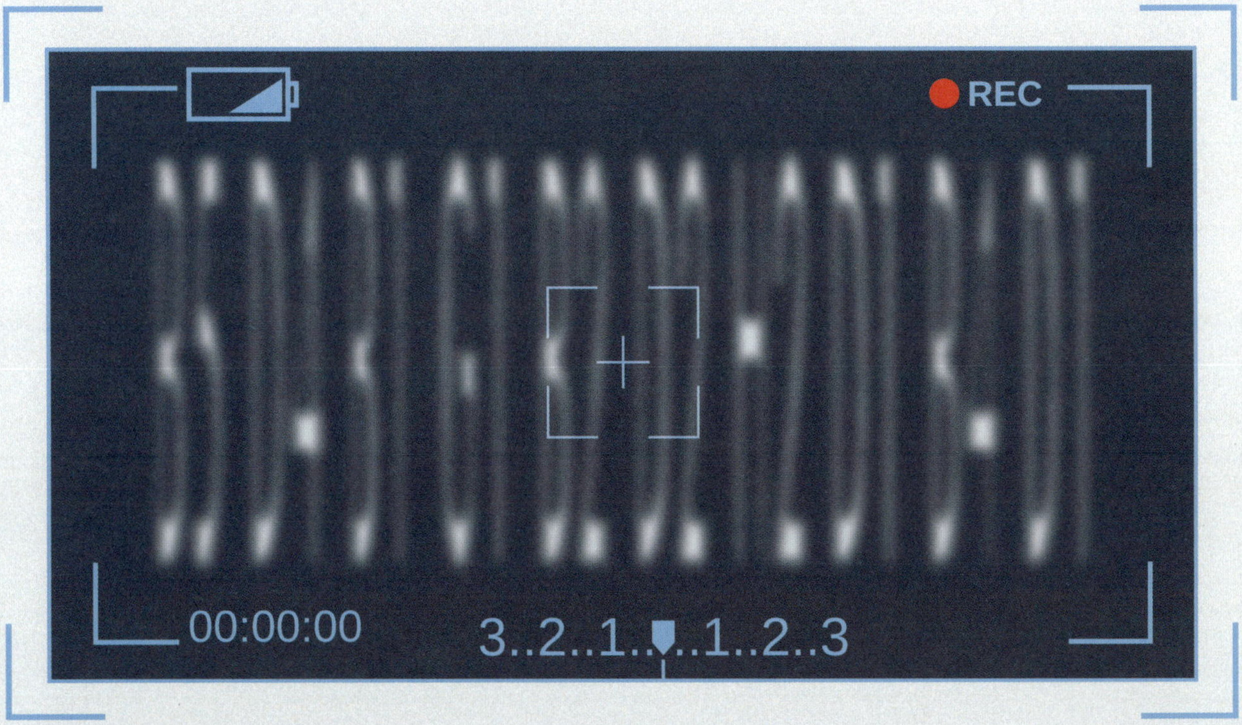

Tu as trouvé trois chiffres ? Récoltés dans l'ordre, ils te donneront le numéro de la page où t'attend la suite de la mission !

LE SAIS-TU ?

UN RAYON LASER est une lumière extrêmement concentrée et donc puissante. Il a vu le jour en 1960, après plus de dix ans d'expérimentations. Aujourd'hui, on le trouve un peu partout : il sert à lire les DVD, à scanner des produits au supermarché, mais aussi à percer, découper et souder... Bien sûr, tous ces rayons n'ont pas la même puissance ! Il ne faut jamais orienter de laser vers les yeux : une simple exposition suffit parfois à les blesser.

TA RÉPONSE

....

			5				5
				2		0	0
	6						
			5			9	1
					3		
							2
1			0				
					1		9
		4		8			
7					6		4
			2				
	8						3
7		6		8		9	

Tu es enfin à l'intérieur de la salle des virus informatiques ! Un ordinateur trône au centre de la pièce, l'infection est en cours… Tu es sur le point de stopper le processus et de supprimer le virus, quand soudain l'ordinateur te demande un mot de passe… Vite, le temps presse !

4	Z	Y	Y	P	4	W	2	5	9	!	O	O	C	N	I	D	@	L	G	Z	J	D	H	U	R
4	P	O	2	8	1	Z	0	N	B	/	6	5	A	S	D	Q	D		0	I	D	Z	D	8	:
O	B	0	S	7	R	T	1	2	D	F	Y	O	R	?	Y	X	V	7	&	V	A	3	2	P	F
R	4	R	D	R	K	I	Y	J	G	V	2	U	R	P	K	J	F	S	F	9	H	A	6	A	I
S	4	I	C	R	G	!	9	R	E	J	D	3	E	C	M	D	B	Z	3	7	C	L	1	Y	T
S	E	!	&	J	O	3	K	M	E	F	Y	E	T	N	U	P	3	R	5	4	7	G	H	F	T
Y	Q	G	S	U	L	0	O	Z	D	F	(	)	7	X	I	U	M	H	V	1	G	I	G	F	9
K	I	B	J	O	B	X	E	L	R	J	X	X	E	Z	X	:	I	Y	3	1	Y	6	E	Z	O
F	L	2	O	6	3	H	E	R	5	C	G	A	P	A	4	J	L	E	L	7	F	I	5	E	V
O	V	I	R	:	O	G	B	W	Y	4	H	D	8	6	R	5	2	X	U	S	Y	I	R	9	7
9	Y	M	8	6	I	R	K	M	F	E	H	0	X	S	M	4	S	U	S	C	C	X	V	W	R
N	H	5	E	D	X	2	W	6	5	F	T	Q	V	K	Y	Q	6	0	L	?	6	Y	E	2	V
V	0	4	9	Z	V	8	M	P	V	M	V	A	P	N	K	F	H	H	C	G	7	R	P	R	A
G	1	(	#	L	O	C	Z	X	B	7	A	5	4	7	0	Z	R	D	F	6	W	H	U	2	P
V	A	A	U	A	0	I	V	7	I	F	O	Q	9	0	A	B	G	E	C	M	9	1	K	O	X
0	Y	1	O	M	M	P	S	0	X	Q	A	F	T	X	9	X	D	4	U	5	W	Y	G	S	E
U	Q	0	@	V	8	6	J	P	9	2	I	E	Q	Z	E	Q	M	J	M	4	0	X	G	C	V
S	E	)	E	I	X	3	D	K	B	G	G	I	P	F	Q	L	Z	E	E	V	0	1	1	T	Y

LE SAIS-TU ?

LES VIRUS INFORMATIQUES portent un nom issu du vocabulaire de la médecine, et ce n'est pas un hasard : à l'image de certaines maladies qui se transmettent d'organisme en organisme, les virus informatiques peuvent se répandre lors d'échanges de données par le biais de logiciels, de clés USB, de disques durs ou encore d'e-mails. En mai 2017, le virus WannaCry a par exemple infecté des centaines de milliers d'ordinateurs dans plusieurs pays, perturbant même le fonctionnement de certains hôpitaux, dont les équipements étaient hors service. On a alors parlé de cyberattaque mondiale.

Bien joué, tu as réparé le drone ! Il s'agit d'un ancien drone de surveillance. Il connaît donc parfaitement le repaire du professeur Snarf. Pour te remercier, il accepte de te dire dans quelle direction tu dois aller pour atteindre la salle des virus informatiques : tu vas devoir traverser « le sas des étoiles »... Une seule porte y mène : laquelle ?

TA RÉPONSE

....

24
19
31
10
29
20
27
22
14

INDICES

Les indices sont classés par page et non par ordre de résolution des énigmes. Si tu as besoin d'un coup de pouce, va donc lire ceux qui sont associés à la page sur laquelle tu es bloqué(e) !

PAGES 8-11

INDICE 1 : N'oublie pas qu'un coin de page corné te permet d'accéder à la page suivante ou à la précédente !

INDICE 2 : Le lecteur d'empreintes digitales, que tu peux voir page 9, a gardé en mémoire sa dernière utilisation. DZ13 a enregistré les empreintes des personnes qui travaillent dans le quartier aujourd'hui : tu peux les observer pages 10-11. L'une d'elles doit forcément être identique à celle qu'affiche le lecteur ! C'est celle qui te permettra d'ouvrir la porte.

INDICE 3 : DZ13 a analysé les empreintes.

L'empreinte identique à celle qu'affiche le lecteur est la 17, la 22 ou la 26.

INDICE 4 : Si tu as trouvé l'empreinte qui est identique à celle du lecteur, n'hésite pas une seule seconde : retiens bien son numéro et va vérifier ta réponse grâce à la grille de validation de DZ13, page 44 !

PAGES 12-13

INDICE 1 : La scientifique a réglé les molettes une par une, probablement dans l'ordre alphabétique, et en les tournant dans le sens des aiguilles d'une montre.

INDICE 2 : À chaque fois qu'une molette bouge d'un cran, elle émet un bruit métallique : ce sont les « cling » que DZ13 a enregistrés ! En te basant sur cet enregistrement, tu pourras en déduire le code à trois chiffres qui ouvre la porte blindée.

INDICE 3 : Quand la scientifique a réglé la molette A, DZ13 a enregistré huit « cling ». Pour la régler correctement, il faut donc la tourner de huit crans dans le sens des aiguilles d'une montre. Le molette A doit par conséquent être réglée sur 0 ! Il ne te reste plus qu'à t'occuper des molettes B et C.

INDICE 4 : Tu penses avoir trouvé le code à trois chiffres qui permet d'ouvrir la porte ? N'oublie pas de vérifier ta réponse grâce à la grille de validation de DZ13, page 44 !

PAGES 14-15

INDICE 1 : Ce drone s'exprime dans un étrange langage... Impossible de le comprendre. As-tu regardé les objets que DZ13 t'a donnés avant le début de la mission ? Tu peux les découper pages 45 à 48. L'un d'entre eux peut sûrement t'aider !

INDICE 2 : As-tu lu le petit manuel intitulé *Le Langage drone pour les nuls – Apprendre à communiquer avec eux en quelques minutes* ? Intéresse-toi surtout au paragraphe qui te permet de comprendre un drone cassé...

INDICE 3 : As-tu remarqué la flèche dessinée sur la roue qui permet de décoder le langage des drones cassés ? Pour comprendre un drone cassé, il faut partir du principe que les A qu'il prononce sont en fait des T, que ses B sont des U, etc. Autrement dit : A = T ; B = U ; C = V ; D = W ; E = X ; F = Y ; G = Z ; H = A ; I = B ; J = C ; etc. Les premiers mots prononcés par le drone semblent être : « Je suis bon pour ». Il ne te reste plus qu'à décoder la suite !

INDICE 4 : Tu as décodé le message du drone ? Il attire ton attention sur un outil. As-tu remarqué qu'un nombre est gravé sur cet outil ? Va vite vérifier ta réponse grâce à la grille de validation de DZ13, page 44 !

PAGES 16-21

INDICE 1 : N'oublie pas qu'un coin de page corné te permet d'accéder à la page suivante ou à la précédente ! Tu dois couper un câble, un seul, celui qui permettra de déverrouiller toutes les portes. Pour savoir lequel, suis attentivement la procédure d'urgence. Le processeur qui centralise les dix câbles électriques se trouve page 20.

INDICE 2 : En suivant les consignes de la procédure d'urgence, tu pourras éliminer tous les câbles sauf un. N'hésite pas à les barrer au fur et à mesure.

INDICE 3 : La dernière consigne indique que tu ne dois « pas couper les câbles qui sont de couleur jaune sur une longueur de plus de 8 zigotrons ». Avant le début de la mission, DZ13 t'a donné un objet qui t'aidera à mesurer les zigotrons. Tu peux découper cet objet page 45.

Sais-tu que l'abréviation « zg » signifie « zigotron » ?

INDICE 4 : Tu penses savoir quel câble tu dois couper ? As-tu remarqué qu'il est numéroté ? Vérifie ta réponse le plus rapidement possible grâce à la grille de validation de DZ13, page 44 !

PAGES 22-23

INDICE 1 : L'intérieur de ces trois cercles bleu et blanc est intrigant… Pour découvrir ce qu'ils cachent, il te suffit de tenir le livre devant toi et de secouer la tête de gauche à droite en les regardant. Dans chaque cercle, tu devrais voir apparaître un chiffre et des étoiles.

INDICE 2 : Tu as pu voir les trois chiffres cachés et les étoiles ? Le nombre d'étoiles correspond à l'ordre dans lequel tu dois utiliser les chiffres : tu dois placer celui qui est au-dessus d'une étoile en première position, celui qui est au-dessus de deux étoiles en deuxième position, et celui qui est au-dessus de trois étoiles en troisième position.

INDICE 3 : Tu penses avoir trouvé le code à trois chiffres qui permet d'ouvrir le cadenas ? Va vérifier ta réponse grâce à la grille de validation de DZ13, page 44 !

PAGES 24-25

Pas d'indice sur ces pages.

PAGES 26-27

INDICE 1 : As-tu observé l'écran de la caméra page 26 ? Il cache des lettres et des chiffres qui ont été déformés...

INDICE 2 : Tu n'arrives pas à lire ce que l'écran de la caméra cache ? Pas de souci, DZ13 a réussi.

INDICE 3 : Chaque lettre cache sans doute une direction : H signifie « haut », B signifie « bas », G signifie « gauche » et D signifie « droite ». Les chiffres, eux, correspondent sûrement à un nombre de cases...

INDICE 4 : Tu es actuellement à l'entrée de la pièce, en haut à gauche de la page 27. Pour trouver par quelle porte tu dois passer, applique les instructions laissées sur l'écran de la caméra : puisque la première indication est « B5 », compte cinq cases vers le bas, depuis l'entrée, puis quatre cases vers la droite, puisque la deuxième indication est « D4 », et ainsi de suite. Une fois toutes les indications suivies, tu devrais atteindre une porte...

INDICE 5 : As-tu remarqué que, lors de ton trajet, tu as traversé plusieurs cases qui comportent un chiffre ? En les collectant dans l'ordre, tu obtiendras un nombre à trois chiffres. N'oublie pas de vérifier ta réponse grâce à la grille de validation de DZ13, page 44 !

PAGES 28-29

INDICE 1 : Pour stopper le virus, tu dois entrer un mot de passe sur l'ordinateur qui est face à toi, page 29. As-tu regardé les objets que DZ13 t'a donnés avant le début de la mission ? Tu peux les découper page 45. Ils pourront t'aider !

INDICE 2 : Tu as découpé les quatre QR codes, page 45 ? En les posant correctement sur l'écran d'ordinateur, tu pourras déchiffrer une phrase !

INDICE 3 : As-tu remarqué que le bord de l'écran a des couleurs différentes, et qu'on retrouve ces mêmes couleurs sur les QR codes ? Aide-toi de ces couleurs pour poser les quatre QR codes correctement !

INDICE 4 : Tu as posé les quatre QR codes à leur place ? As-tu vu qu'ils laissent apparaître certaines lettres affichées sur l'écran ? Lis-les de gauche à droite, en commençant par le haut.

INDICE 5 : Tu as déchiffré la phrase qui apparaît à l'écran ? Elle doit t'indiquer un nombre... Tu peux vérifier ta réponse grâce à la grille de validation de DZ13, page 44 !

PAGES 30-31

INDICE 1 : Une seule porte mène au sas des étoiles. Suis les quatre consignes données par le drone pour trouver laquelle ! Fais bien attention à la position des poignées, à la forme des hublots et à la couleur des portes.

INDICE 2 : En suivant les instructions du drone, tu pourras éliminer toutes les portes sauf une ! Tu penses avoir trouvé la bonne porte ? As-tu remarqué qu'elle est numérotée ? Vérifie ta réponse le plus rapidement possible grâce à la grille de validation de DZ13, page 44 !

SOLUTIONS

Les solutions sont classées par page et non par ordre de résolution des énigmes. Si tu veux connaître la réponse à une énigme, va donc lire celle qui est associée à la page sur laquelle tu es bloqué !

PAGES 8-11

Parmi les empreintes digitales enregistrées par DZ13, une seule est identique à celle que le lecteur a gardé en mémoire : il s'agit de la **26**.

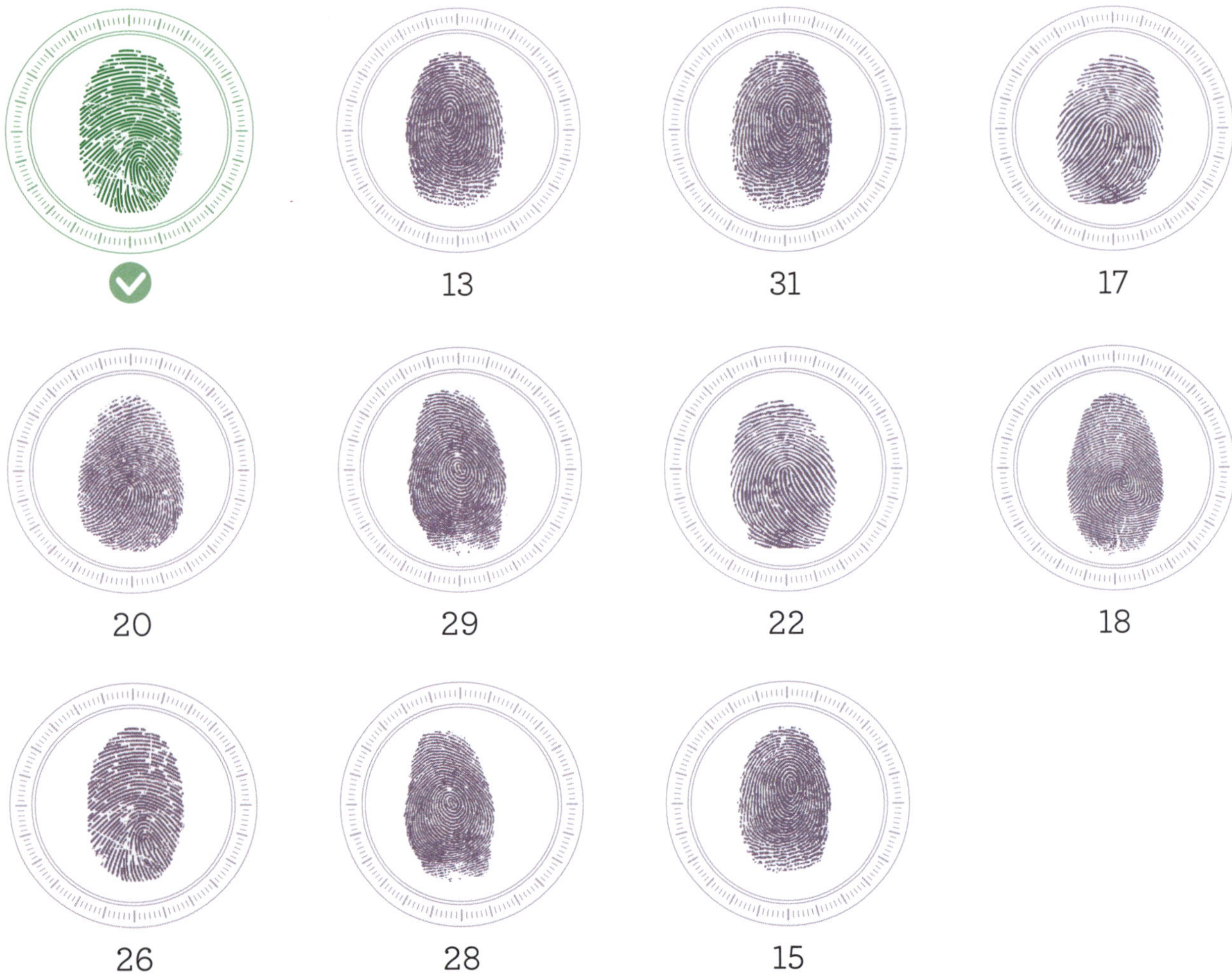

Pour utiliser cette empreinte sur le lecteur qui sécurise la porte, va donc le plus rapidement possible à la page 26 ! La suite de l'aventure t'y attend !

PAGES 12-13

Quand la scientifique a réglé la molette A, DZ13 a enregistré huit « cling ». Pour la régler correctement, tu dois donc la tourner de **huit crans** dans le sens des aiguilles d'une montre. La molette A doit par conséquent être réglée sur 0.

Quand la scientifique a réglé la molette B, DZ13 a enregistré deux « cling ». Pour la régler correctement, tu dois donc la tourner de **deux crans** dans le sens des aiguilles d'une montre. La molette B doit par conséquent être réglée sur 2.

Quand la scientifique a réglé la molette C, DZ13 a enregistré sept « cling ». Pour la régler correctement, tu dois donc la tourner de **sept crans** dans le sens des aiguilles d'une montre. La molette C doit par conséquent être réglée sur 8.

Le code à trois chiffres qui ouvre la porte blindée est donc **028**.
Va vite page 28, le temps presse !

PAGES 14-15

Grâce au petit manuel intitulé *Le Langage drone pour les nuls - Apprendre à communiquer avec eux en quelques minutes*, que tu as découpé page 47, tu pourras comprendre ce que dit le drone cassé.

As-tu vu la flèche qui est dessinée sur la roue de décodage ? Pour comprendre un drone cassé, il faut partir du principe que les A qu'il prononce sont en fait des T, que ses B sont des U, etc. Autrement dit :
A = T ; B = U ; C = V ; D = W ; E = X ; F = Y ; G = Z ; H = A ; I = B ; J = C ; etc.
En décodant le message du drone, tu liras : **« Je suis bon pour la casse. Snarf m'a abandonné. Pour me réparer, prends le quatrième tournevis en partant de la droite. »**

As-tu repéré où était le quatrième tournevis en partant de la droite ?

Un nombre est gravé sur cet outil : **30**. Il n'y a pas une minute à perdre, va vite page 30 pour réparer le drone !

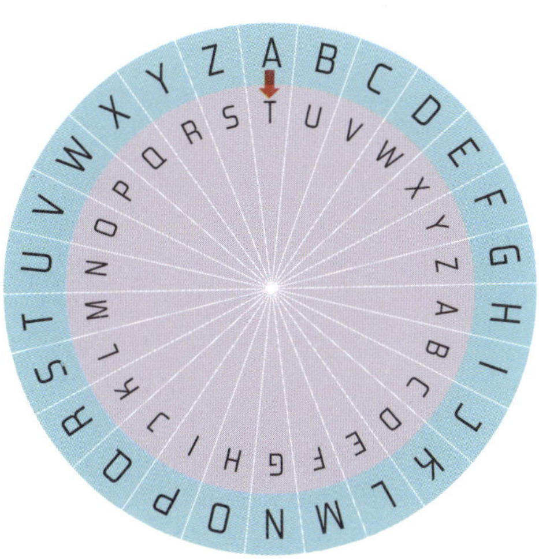

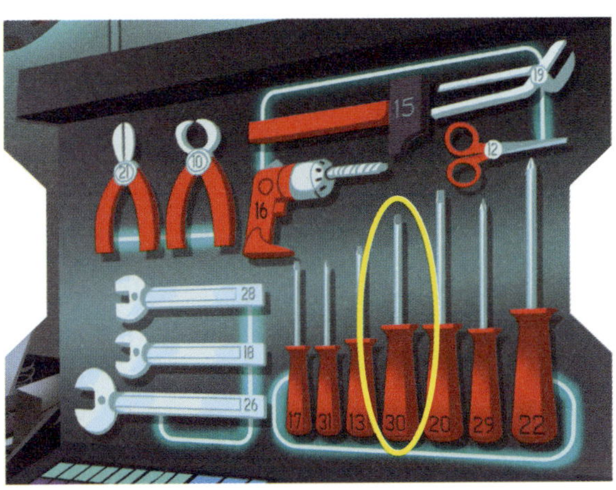

PAGES 16-21

Tu dois couper un câble, un seul. Page 20, tu as accès au processeur qui centralise les dix câbles électriques. Comme pour l'énigme des portes, il te faut éliminer les câbles un par un, en suivant l'étape 2 de la procédure d'urgence.

- Tu peux éliminer les câbles **010**, **011**, **012**, **013**, **022** et **027**, parce qu'ils sont reliés à une unité de contrôle dont le numéro de série se termine par une lettre entre B et K inclus.

- Tu peux éliminer le câble **029**, parce qu'il est vert à l'origine puis jaune, mais ne redevient pas bleu.

- Tu peux éliminer les câbles **012**, **015** et **031**, parce qu'ils sont jaunes sur une longueur de plus de 8 zigotrons. Pour mesurer les zigotrons, sers-toi du mètre ruban que DZ13 t'a donné avant le début de la mission ! Tu peux le découper page 45.

Tu viens d'éliminer tous les câbles sauf le numéro **024**. C'est donc lui que tu dois couper : va le plus vite possible page 24, c'est là que se déroule la suite de ta mission !

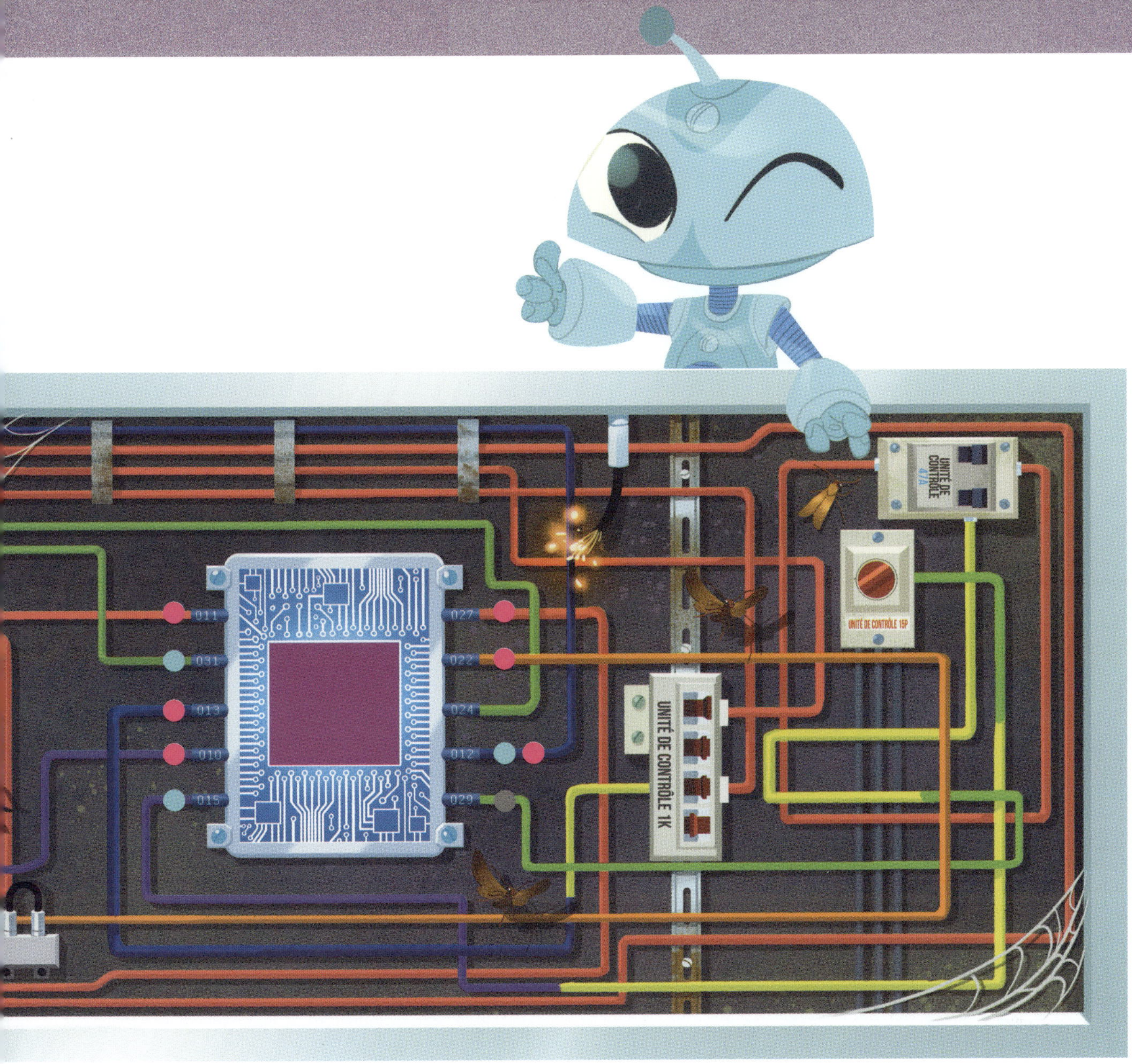

PAGES 22-23

Tiens le livre face à toi, fixe l'un des trois cercles bleu et blanc et secoue la tête de gauche à droite. Dans chaque cercle, tu vas voir apparaître un chiffre et une ou plusieurs étoiles !

Le cercle qui comporte une étoile affiche un **0**, celui qui comporte deux étoiles affiche un **1**, et celui qui comporte trois étoiles affiche un **2**.

Le nombre d'étoiles correspond à l'ordre dans lequel tu dois utiliser les chiffres : tu dois placer celui qui est à côté d'une étoile en première position, celui qui est à côté de deux étoiles en deuxième position, et celui qui est à côté de trois étoiles en troisième position.

Le code à trois chiffres qui permet d'ouvrir le cadenas est donc **012** ! Dépêche-toi d'aller page 12 pour ouvrir le cadenas et la porte !

PAGES 26-27

L'écran de la caméra cache une série de chiffres et de lettres déformés : **B5 D4 B1 G1 B2 D2 H2 D1 B4 D1**.
H signifie « haut », B signifie « bas », G signifie « gauche » et D signifie « droite ». Les chiffres, eux, correspondent à un nombre de cases.

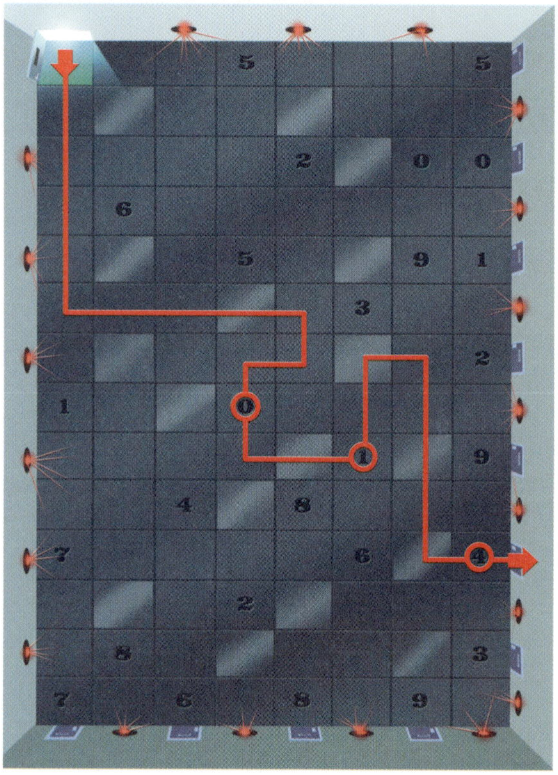

Tu es actuellement à l'entrée de la pièce, en haut à gauche de la page 27. Pour trouver par quelle porte tu dois passer, applique les instructions laissées sur l'écran de la caméra : puisque la première indication est « B5 », compte cinq cases vers le bas depuis l'entrée, puis quatre cases vers la droite, puisque la deuxième indication est « D4 », et ainsi de suite. Une fois toutes les indications suivies, tu atteindras une porte...

Lors de ton trajet, tu as traversé trois cases qui comportent un chiffre : dans l'ordre, tu as collecté un **0**, un **1** et un **4**. Tu as donc trouvé le nombre **14**. Va vite page 14 pour vivre la suite de l'aventure !

PAGES 28-29

Pour stopper le virus, tu dois entrer un mot de passe sur l'ordinateur qui est face à toi, page 29. Pour cela, aide-toi des quatre QR codes que t'a donnés DZ13 avant le début de la mission ! Tu peux les découper page 45. En les posant correctement sur l'écran, tu pourras déchiffrer une phrase. Pour cela, tu dois utiliser les couleurs du bord de l'écran, que tu retrouves à l'identique sur les différents QR codes.

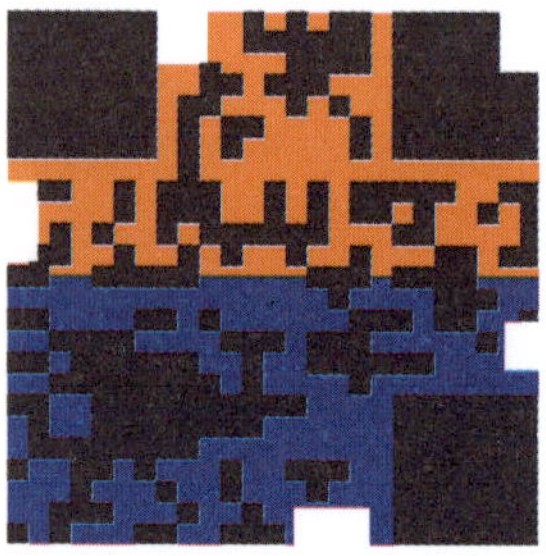

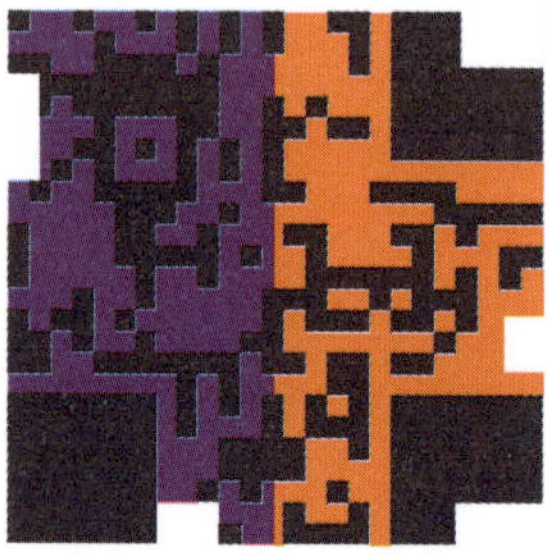

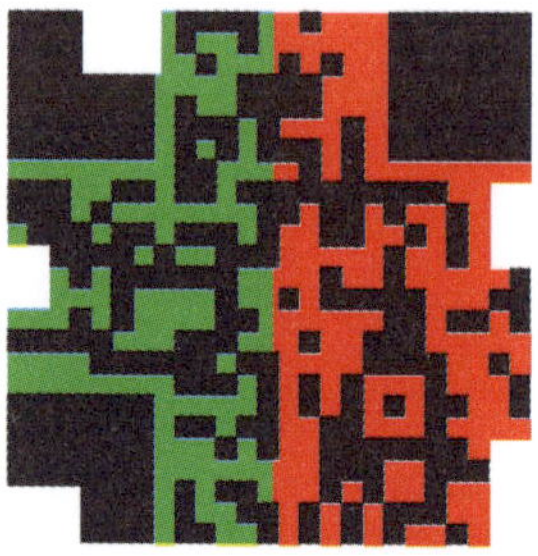

Les quatre QR codes laissent apparaître certaines lettres. De gauche à droite, en commençant par le haut, tu peux lire :

« POUR ARRETER LE VIRUS VA PAGE SEIZE. »

Va donc rapidement à la page 16 pour découvrir la suite de ta mission !

PAGES 30-31

Une seule porte mène au sas des étoiles. En suivant les quatre consignes données par le drone, tu pourras trouver laquelle. Élimine les portes au fur et à mesure :

- La porte qui mène au virus n'est pas juste à droite d'une porte blanche.
- Elle n'est pas juste à gauche d'une porte sur laquelle est affiché un panneau danger.
- Sa poignée n'est pas positionnée à droite.
- Elle n'a pas de hublot rond.

La bonne porte est donc la **22**, car c'est la seule que tu n'as pas éliminée. Chaque seconde compte : va le plus rapidement possible page 22 pour l'ouvrir.

GRILLE DE VALIDATION

As-tu trouvé la bonne réponse à l'énigme ?

Pour le savoir, demande à DZ13 le robot ! Il a réussi à récupérer une grille qui te permet de vérifier chaque réponse.

COMMENT FAIRE ? Par exemple, si tu penses que la solution à l'énigme des pages 26-27 est 19, cherche la colonne « pages 26-27 » et la ligne « 19 ». Si, à la croisée des deux, tu trouves un pouce tourné vers le haut, c'est gagné et tu peux donc aller page 19, où t'attend la suite de la mission !

En revanche, si tu trouves un pouce tourné vers le bas, cela signifie que tu t'es trompé(e) : tu dois donc vite retourner pages 26-27 pour retenter ta chance.

PAGES DE L'ÉNIGME À RÉSOUDRE

PAGE OÙ SE TROUVE LA SUITE DE LA MISSION	8-11	12-13	14-15	16-21	22-23	24-25	26-27	28-29	30-31
9	👎	👎	👎	👎	👎	👎	👎	👎	👎
10	👎	👎	👎	👎	👎	👎	👎	👎	👎
11	👎	👎	👎	👎	👎	👎	👎	👎	👎
12	👎	👎	👎	👎	👍	👎	👎	👎	👎
13	👎	👎	👎	👎	👎	👎	👎	👎	👎
14	👎	👎	👎	👎	👎	👎	👍	👎	👎
15	👎	👎	👎	👎	👎	👎	👎	👎	👎
16	👎	👎	👎	👎	👎	👎	👎	👍	👎
17	👎	👎	👎	👎	👎	👎	👎	👎	👎
18	👎	👎	👎	👎	👎	👎	👎	👎	👎
19	👎	👎	👎	👎	👎	👎	👎	👎	👎
20	👎	👎	👎	👎	👎	👎	👎	👎	👎
21	👎	👎	👎	👎	👎	👎	👎	👎	👎
22	👎	👎	👎	👎	👎	👎	👎	👎	👍
23	👎	👎	👎	👎	👎	👎	👎	👎	👎
24	👎	👎	👎	👍	👎	👎	👎	👎	👎
25	👎	👎	👎	👎	👎	👎	👎	👎	👎
26	👍	👎	👎	👎	👎	👎	👎	👎	👎
27	👎	👎	👎	👎	👎	👎	👎	👎	👎
28	👎	👍	👎	👎	👎	👎	👎	👎	👎
29	👎	👎	👎	👎	👎	👎	👎	👎	👎
30	👎	👎	👍	👎	👎	👎	👎	👎	👎
31	👎	👎	👎	👎	👎	👎	👎	👎	👎

LA BOÎTE À OUTILS DE DZ13

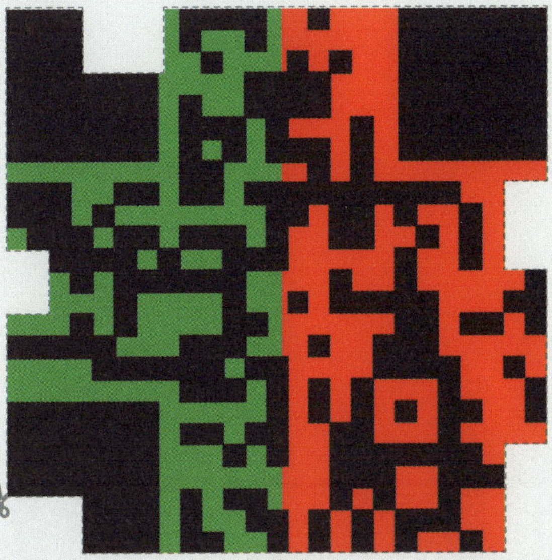

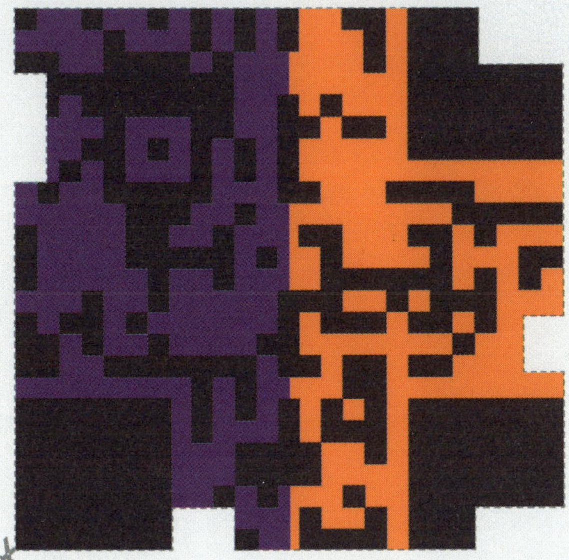

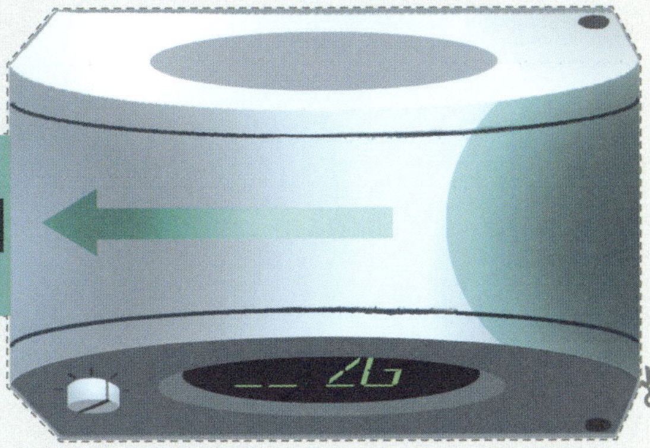

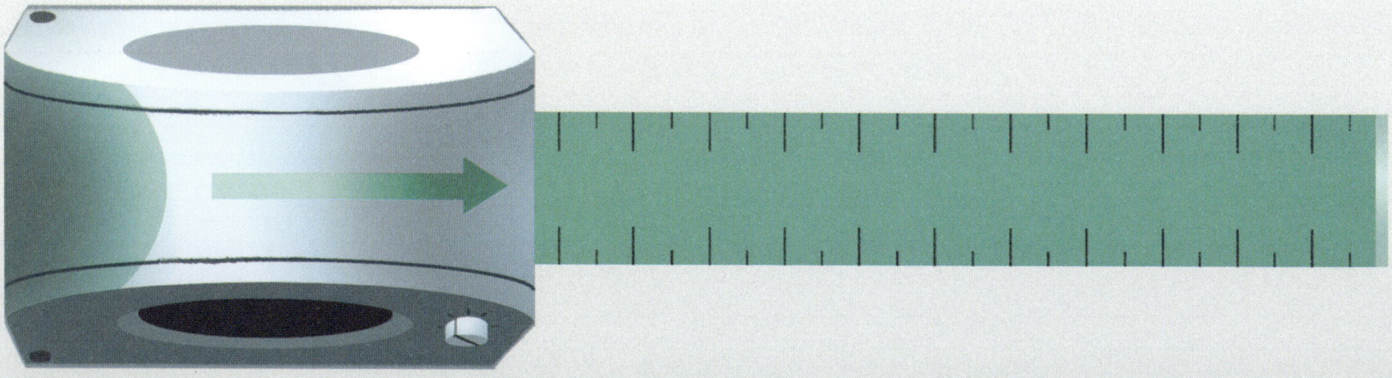

DRONE

LE LANGAGE DRONE POUR LES NULS

APPRENDRE
À COMMUNIQUER
AVEC EUX
EN QUELQUES
MINUTES

Il existe différents types de drones, chacun ayant une langue qui lui est propre. Commencez par identifier le cas de figure auquel vous faites face :

VOTRE DRONE S'EXPRIME EN MORSE ?

A	•–	H	••••	O	–––	V	•••–
B	–•••	I	••	P	•––•	W	•––
C	–•–•	J	•–––	Q	––•–	X	–••–
D	–••	K	–•–	R	•–•	Y	–•––
E	•	L	•–••	S	•••	Z	––••
F	••–•	M	––	T	–		
G	––•	N	–•	U	••–		

VOTRE DRONE N'ÉMET QUE DES CHIFFRES ?

A	1000001	H	1001000	O	1001111	V	1010110
B	1000010	I	1001001	P	1010000	W	1010111
C	1000011	J	1001010	Q	1010001	X	1011000
D	1000100	K	1001011	R	1010010	Y	1011001
E	1000101	L	1001100	S	1010011	Z	1011010
F	1000110	M	1001101	T	1010100		
G	1000111	N	1001110	U	1010101		

VOTRE DRONE A PLUS DE 2 ANTENNES ?

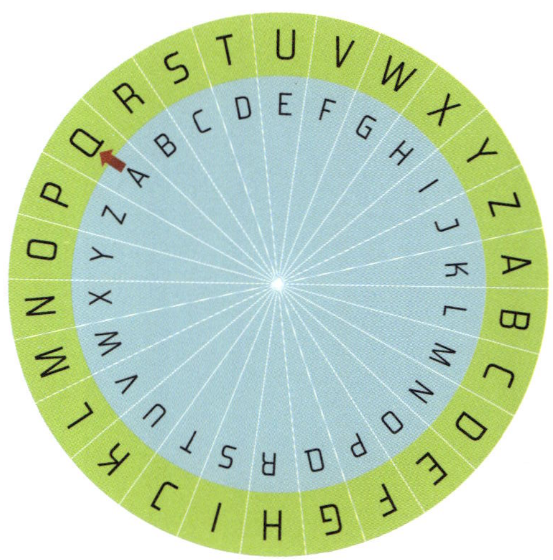

VOTRE DRONE EST CASSÉ ?

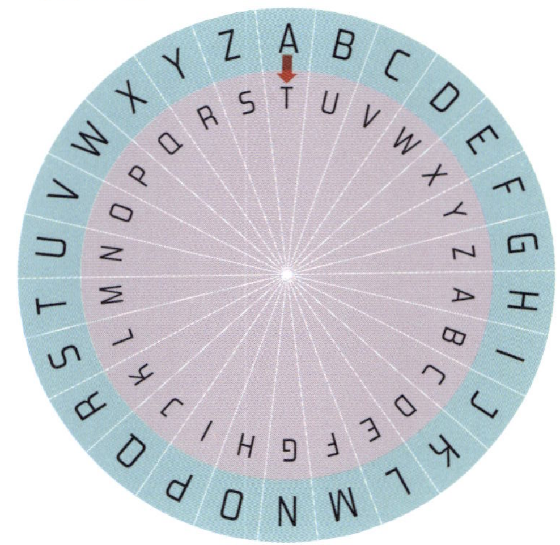

VOTRE DRONE A 6 HÉLICES ?

A	B	C	D	E	F	G	H	I	J	K	L	M
1	2	3	4	5	6	7	8	9	10	11	12	13
N	**O**	**P**	**Q**	**R**	**S**	**T**	**U**	**V**	**W**	**X**	**Y**	**Z**
14	15	16	17	18	19	20	21	22	23	24	25	26

BLOC-NOTES

Texte et conception des énigmes :
RÉMI PRIEUR & MÉLANIE VIVES
Illustrations : **EL GUNTO**

FLEURUS

Direction : Guillaume Pô
Direction éditoriale : Juliette Spitéri
Édition : Sarah Hamon, Juliette Magro et Nathalie Merluzzi
Graphisme : Maïté Dubois et Eddy Pierrel
Mise en pages : Magali Meunier
Fabrication : Audrey Bord
Direction de fabrication : Thierry Dubus

57, rue Gaston Tessier, CS 50061, 75166 Paris cedex 19
www.fleuruseditions.com

Dépôt légal : octobre 2022 - ISBN : 978-2-2151-8117-0
MDS : FS00090N1 - N° d'édition : J22232
Achevé d'imprimer en juillet 2022 en Chine.
Loi n° 49-956 du 16 juillet 1949 sur les publications destinées à la jeunesse, modifiée par la loi n° 2011-525 du 17 mai 2011.

Cet ouvrage est composé de matériaux issus de forêts bien gérées, certifiées FSC® et d'autres sources contrôlées.

FSC www.fsc.org
MIXTE
Papier issu de sources responsables
FSC® C104723